职业教育汽车类专业立体化创新教材

汽车电气系统检测与维修

主　编　吴　敏　罗运鹏　姚　旺
副主编　卓　越　余安勋　陈千丹
参　编　牛　正　李　强　张闻鸣

二维码总码

机械工业出版社

《汽车电气系统检测与维修》根据教育部职业院校汽车检测与维修技术专业教学指导方案、国家职业技能标准汽车维修工三级标准典型工作任务，以及汽车电气系统检测与维修实践需求编写而成。

本书主要内容包括电路图识别与基础、汽车电源系统检测与维修、汽车燃油供给系统检测与维修、汽车点火系统检测与维修、汽车空气供给系统检测与维修、汽车照明及信号系统检测与维修、汽车辅助电气系统检测与维修等。

本书可作为高职院校汽车类专业教材，也可作为汽车维修人员操作教程及培训用书。

图书在版编目（CIP）数据

汽车电气系统检测与维修 / 吴敏，罗运鹏，姚旺主编． -- 北京：机械工业出版社，2025.4． --（职业教育汽车类专业立体化创新教材）． -- ISBN 978-7-111-78306-0

I. U472.41

中国国家版本馆CIP数据核字第2025U2J278号

机械工业出版社（北京市百万庄大街22号　邮政编码100037）
策划编辑：李　军　　　　　　　责任编辑：李　军　丁　锋
责任校对：王　捷　马荣华　景　飞　　封面设计：马精明
责任印制：张　博
北京建宏印刷有限公司印刷
2025年7月第1版第1次印刷
184mm×260mm・16.25印张・325千字
标准书号：ISBN 978-7-111-78306-0
定价：69.90元

电话服务　　　　　　　　　　网络服务
客服电话：010-88361066　　　机　工　官　网：www.cmpbook.com
　　　　　010-88379833　　　机　工　官　博：weibo.com/cmp1952
　　　　　010-68326294　　　金　书　网：www.golden-book.com
封底无防伪标均为盗版　　　机工教育服务网：www.cmpedu.com

前　言

近年来，我国交通大发展、汽车大增长的态势持续深入推进。我国汽车消费总量（新车销售量），自2009年首次超过美国后，连续多年居全球第一位，全国汽车保有量近4亿辆。庞大的市场容量给汽车检测与维修企业提供了足够大的舞台。汽车性能的不断提升，对汽车检测与维修也提出了更高的要求。通过对汽车电路识别、汽车电气设备故障进行检测与维修等方面的知识进行讲解，本书能够帮助汽车类专业学生及汽车维修人员掌握汽车电气系统检测与维修的基础知识、操作流程等。

本书主要介绍了汽车电路认识、汽车电气系统检测与维修等方面的内容，包括电路图识别与基础、汽车电源系统检测与维修、汽车燃油供给系统检测与维修、汽车点火系统检测与维修、汽车空气供给系统检测与维修、汽车照明及信号系统检测与维修、汽车辅助电气系统检测与维修等七个项目。本书取材注重与理论知识的协调统一、逻辑清晰、图文并茂。每个项目均包含任务目标、任务内容、知识提要、实践任务、实践计划、实践实施等。

由于时间仓促和水平有限，书中不当之处在所难免，恳请使用本书的读者批评指正。

编　者

目 录

前 言

项目1　电路图识别与基础　… 001
任务1　认识基础电路　… 002
任务2　电路开关及保护装置应用和检修　… 010
任务3　电路图识别　… 019
任务4　电路常用检测设备认识及应用　… 031

项目2　汽车电源系统检测与维修　… 047
任务1　蓄电池结构认识及选用　… 048
任务2　蓄电池工作原理及日常维护　… 060
任务3　发电机结构原理及检修　… 071
任务4　起动系统原理及检修　… 088

项目3　汽车燃油供给系统检测与维修　… 099
任务1　汽车燃油泵控制原理及检修　… 100
任务2　汽车燃油喷射系统控制原理及检修　… 108

项目4　汽车点火系统检测与维修　… 121
任务1　点火系统控制工作原理　… 122
任务2　点火系统主要元器件检测与维修　… 131
任务3　点火系统故障诊断与排除　… 140

项目5　汽车空气供给系统检测与维修　… 147
任务1　空气供给系统结构组成认知　… 148
任务2　空气供给系统主要元器件检测与维修　… 158

项目6　汽车照明及信号系统检测与维修　… 165
任务1　汽车照明及信号系统结构及应用　… 166
任务2　汽车照明系统检测与维修　… 177
任务3　汽车信号系统检测与维修　… 188

项目7　汽车辅助电气系统检测与维修　… 207
任务1　汽车车窗系统检测与维修　… 208
任务2　汽车洗涤系统检测与维修　… 216
任务3　汽车门锁系统检测与维修　… 225
任务4　汽车空调系统检测与维修　… 235

项目 1
电路图识别与基础

项目目标
- 了解汽车电路的基本组成
- 掌握汽车电路开关及保护装置检修方法
- 能使用专用设备对电路进行数据读取

项目任务
- 能对电路图进行识别
- 能正确操作汽车电路检测设备

任务 1 认识基础电路

一、任务目标

1）了解汽车电路基本组成。
2）能正确连接基础电路。

二、任务内容

掌握基础电路连接方法。

三、安全注意事项

注意个人及设备安全，规范操作。

四、知识提要

1. 基础电路的组成

基础电路主要由电源、用电设备、导线和开关组成。

2. 如何选择合适电源

（1）干电池

电压：1.5V。

用途：干电池常用作手电筒、收音机等电源，如图 1-1 所示。

（2）手机电池

电压：3.7V。

用途：手机电池是为手机提供电力的储能工具，如图 1-2 所示。

图 1-1 干电池

（3）蓄电池

电压：12V。

用途：蓄电池是能为车辆提供电能，能储存电能的设备，如图 1-3 所示。

（4）家用电源

电压：220V。

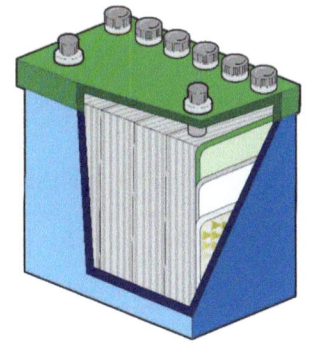

图 1-2　手机电池　　　　　图 1-3　蓄电池

用途：220V 是电压值，是目前我国工矿企业最常用的标准电压，也是我们家庭常用的所谓交流电压，如图 1-4 所示。

（5）工业用电

电压：380V。

用途：工业用电，指主要从事大规模生产加工的企业用电，如图 1-5 所示。

图 1-4　家用电源　　　　　图 1-5　工业用电

3. 如何区分车用蓄电池正负极

车用蓄电池常用直流电源，有正、负两个电极，正极电位高，负极电位低。当两个电极与电路连通后，能使电路两端之间维持恒定的电位差，从而在外电路中形成由正极到负极的电流，如图 1-6 所示。

问：

1）车用蓄电池极柱常用"红正、黑负"标注，请在图中标明极柱。

2）车用蓄电池在电路中常用"—|⊢⋯⊢|—"表明。

微课视频
车用蓄电池的认识

图 1-6　车用蓄电池

4. 汽车电路线束为什么横截面积不同

汽车电路线束（导线）的横截面积是根据所连接的电气设备使用的电流值来确定的，汽车电流中导线标称横截面积所允许的电流极值见表1-1。

表1-1 导线标称横截面积及电流极值

导线标称横截面积 /mm²	1.0	1.5	2.5	3.0	4.0	6.0	10.0	13.0
导线允许电流极值 /A	11	14	20	22	25	35	50	60

5. 汽车导线为什么颜色不同

为便于识图者区分线束，常用不同符号表示其颜色及规格，见表1-2。

表1-2 部分国家导线颜色代码

颜色	英国	德国	日本
黑	B	SW	B
白	W	WS	W
红	R	RO	R
绿	G	gn	G
黄	Y	ge	Y
棕	Br	br	Br
蓝	Bl		
灰	Gr	gr	Gr
紫	V		V
橙	O		O
粉			P
浅蓝		hb	L
浅绿			Lg

6. 如何正确选择导线

（1）选择正确的导线类型（普通导线、双绞线、屏蔽线）

根据电路中与导线相连的物件的需求，确定导线的类型。

1）对于一般的电源信号或比较强的、不易受干扰的信号，选用普通导线就能满足信号品质的要求。

2）对某些弱信号电路和易受干扰的信号电路，应选用双绞线或屏蔽线。

3）弱信号的电路一般指爆燃传感器、曲轴位置传感器、挂档位置传感器和选档位置传感器等。

4）易受干扰的信号电路一般指安全气囊电路、ABS 电路和 CAN 线等。

（2）选择正确的导线尺寸，见表 1-3。

表 1-3　汽车导线标称横截面积适用电路系统

导线标称横截面积 /mm^2	适用电路
0.5	仪表灯、牌照灯、指示灯、顶灯、尾灯、燃油表、冷却液温度表、油压表等电路
0.8	转向灯、制动灯、停车灯、点火线圈初级绕组等电路
1.0	前照灯、电喇叭（3A 以下）等电路
1.5	前照灯、电喇叭（3A 以上）等电路
1.5~4.0	其他 5A 以上电路
4.0~6.0	柴油车电热塞电路
6.0~25.0	电源电路
16.0~95.0	起动电路

（3）选择合适的导线颜色

基本原则：同一电气系统中，双色线的主色和单色线的颜色相同，辅助颜色的配置按照允许的颜色选配。

（4）验证电压降

导线装配过程中需要对电压降进行验证，这是由于理论计算的电压降与导线装车后由导线产生的实际电压降有很大的差异。因此，在导线装配之后，需要测量回路的实际电压降，以验证导线设计是否正确。

7. 汽车负载有哪些

汽车负载根据负载特性可以分为三类：

1）灯负载：闪光灯、照明灯、信号灯等灯类负载。

2）电机负载：电动车窗等需要控制正反转的电机负载，该类负载需要注意电流的反向冲击。

3）阻性负载：点烟器、后窗加热等电流相对稳定的负载。

8. 汽车灯光负载和电机负载用什么符号表示

（灯光）　（电机）

9. 如何对电路进行控制

1）控制器件：控制电路的开启和关闭，起到保护电路和仪器的作用，在电路中常用"⌒-"表示。

2）电路保护装置：用以保护汽车电路中的电气设备和线路。

五、实践任务

利用选择的设备、器材绘制形成完整电路图。

六、实践计划

1. 分小组

组长：负责操作设计及规范操作，协助总结记录员完成总结报告。
主操作手：负责主要操作。
副操作手：负责协助主操作手并读取数据。
数据记录员：负责对数据进行记录。
数据核对员：负责将实测数据与理论数据进行对比。
总结记录员：负责汇总形成报告。

小组成员分工及故障分析
成员分工
项目分析

2. 实施计划

1）绘制包含电源、用电设备、开关、导线的基本电路图。

2）选择合适电源。

3）选择合适控制器。

4）选择合适用电设备。

5）选择合适导线。

6）按照电路图连接实物。

七、实践实施

实训数据记录					
姓名			班级		
学号			指导教师		
组员					
汽车 VIN 码					
汽车品牌		汽车车型		汽车年代	
工具选择					
数据记录及结果分析					

八、实践反思

自评、互评、教师点评表

姓名		班级		学号		指导教师		组别	
评分项目		评分内容			分值	个人评分	小组评分	教师评分	
工具、场地准备		场地干净整洁,符合作业要求			5				
工具、场地准备		通用及专用工具准备齐全、正确			5				
专业知识学习		学习态度端正,认真积极			5				
工具、设备选择与使用		检测与维修工具、设备选择正确、合适			5				
工具、设备选择与使用		工具、设备使用正确,操作规范			10				
操作实施		按照要求实施操作			25				
操作实施		操作正确、有序			10				
操作实施		零部件拆装无破损			5				
总结报告		数据记录完整,符合实际情况			5				
总结报告		实训报告客观、务实			5				
团队协作能力		小组成员分工明确			5				
团队协作能力		团队协作,共同完成实训操作			5				
安全		安全操作,未出现人身危险情况			5				
安全		工具、设备使用安全,未损坏			5				
总分					100				

组长: 　　　　　　　　　　日期:

九、思考题

1）基础电路由哪几部分组成？

2）蓄电池使用过程中是否可以用手直接接触？

3）根据电路图对实物进行连接时，电源是否可以反接？

小知识：人体的安全电压为不高于36V，持续接触安全电压为24V。燃油汽车除点火系统外，常规电压不超过12V，新能源汽车电压为200~750V，因此进行新能源汽车维修时需按照要求佩戴防护装置。

任务 2 电路开关及保护装置应用和检修

一、任务目标

1）认识电路开关及保护装置。
2）能对电路开关及保护装置进行检修。

二、任务内容

掌握电路保护装置的检修方法。

三、安全注意事项

注意个人及设备安全，规范操作。

四、知识提要

1. 绘制包含电源、用电设备、开关、导线的基本电路图

2. 为什么要在电路中加入开关及保护装置

1）开关：控制电路的开启和关闭，起到保护电路及仪器的作用。
2）电路保护装置：在汽车电路中，设置电路保护装置以防止短路、过载造成汽车导线或电气设备损坏。
3）继电器：在电路中起到保护电路与自动控制的作用

3. 汽车开关（符号：⟋ ）

开关指一个可以使电路开路、使电流中断或使其流到其他电路的电子元件。

（1）汽车开关根据操作方式不同进行分类

手动开关：由驾驶人员手动操作的开关。
压力控制开关：用于机油压力过低警告电路中。
温度控制开关：用于冷却液高温警告电路中。
机械开关：用于控制过程中的联动开关控制，例如倒车灯控制开关。

（2）汽车开关根据功能不同进行分类

独立开关：只有一个开关触点，只能控制一条电路。

复合开关：内容有两个或两个以上触点，控制多条电路，例如点火开关。

组合开关：为了方便操作而将多种开关集装在一起，以便形成组合开关，例如灯光控制开关。

（3）开关具备什么功用

1）切断电路中电流。

2）控制电路的连接与断开。

3）检测电路是否受损。

4）辅助电源进行输出。

4. 汽车熔丝

（1）为什么熔丝颜色不同

1）汽车熔丝颜色不同用于代表其电流限制不同。目前国际标准为2A 灰色、3A 紫色、4A 粉色、5A 橙色、7.5A 咖啡色、10A 红色、15A 蓝色、20A 黄色、25A 透明无色、30A 绿色、40A 深橙色，如图1-7 所示。

2）汽车熔丝电流限值不同，其尺寸规格也不同。

（2）不同颜色规格的熔丝不能混用

汽车的熔丝盒盖上一般都会标注相应位置上熔丝的熔断电流和相应的用电设备、当熔丝发生了熔断故障时，一定要根据说明使用相应电流的熔丝，千万不可用更大熔断电流的熔丝来代替，否则很有可能造成线路烧坏，甚至引发汽车火灾。

图1-7 汽车熔丝

如熔丝发生熔断而没有相同型号的备用产品时，可以将暂时不用的熔丝拔下来作为临时代替，但需要注意的是，只能使用比原来熔断电流小的型号，切不可用更大熔断电流的熔丝来代替。

如更换好新的熔丝之后立即出现了再次熔断，即证明车辆的电路系统发生了故障。此时应停止继续更换新熔丝，立即查找故障原因。绝对禁止用直连跳过熔丝的方式来接通电路，否则将造成严重的火灾事故。表1-4 为常见熔丝保持特性的时间比较。

表1-4 常见熔丝保持特性的时间比较

状态特性	玻璃管式	片式	金属丝式
110% 额定电流能持续的时间 /h	4	100	4
135% 额定电流能持续的时间 /min	60	0.75~30	—
200% 额定电流能持续的时间 /s	<10	0.15~5	≤30
350% 额定电流能持续的时间 /s	—	≤0.08	—

（3）如何判断熔丝是否损坏

1）用熔丝夹取下熔丝，用肉眼观察熔丝中间是否断裂。如果断裂，表示熔丝烧坏；如正常，则说明熔丝正常。

2）试灯法。

①插入钥匙，将车辆通电。

②将熔丝盒和夹子拆下。

③将试灯的夹子夹到车上搭铁处。

④用试灯笔点熔丝，试灯亮了，说明熔丝就是好的。试灯不亮就是熔丝损坏。

3）将万用表开到测量线路的档位，一端点在熔丝上，另一端点在熔丝另一端，万用表有滴的声音就是通电，说明熔丝是好的，没有滴的声音就是熔丝损坏。

5. 继电器

继电器是一种电子控制器件，由控制系统和被控制系统组成，它的作用就是用较小的电流去控制较大电流的一种"自动开关"。继电器结构如图1-8所示。

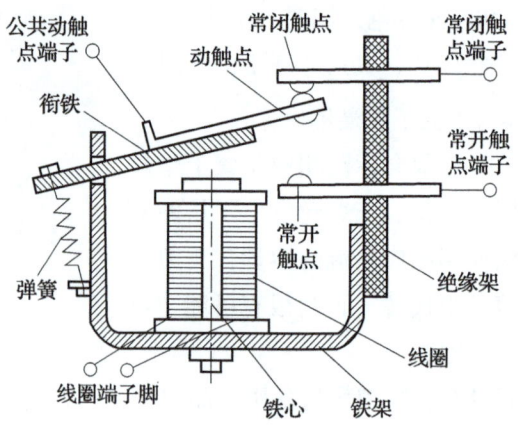

图1-8 继电器结构

（1）继电器的分类

目前常见的继电器大多都是控制型继电器，汽车上还有个别功能型继电器，如闪光继电器。控制型继电器、功能型继电器如图1-9、图1-10所示。

图1-9 控制型继电器

图1-10 功能型继电器

功能型继电器按照内部的触点结构不同,又可分为常开型,常闭型和混合型三种,如图 1-11 所示。

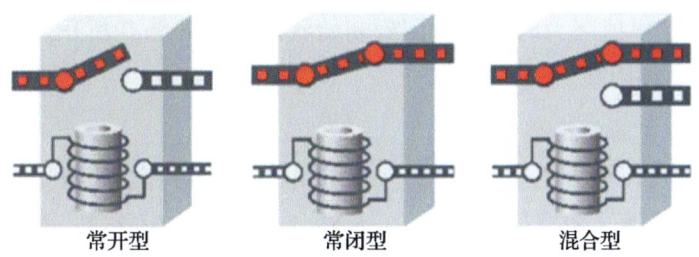

图 1-11　不同类型的功能型继电器

(2)继电器的接线

根据 DIN72552 标准,继电器的每个端子编号为 85、86、30、87 和 87a。继电器有两个电路,一个线圈电路和一个高电流电路。在继电器中,85 和 86 端子被视为线圈电路端子,而 30、87 和 87a 端子被视为高电流电路端子。通常,端子 85 为搭铁电源,端子 86 为热电源,以构成完整的电路。

端子 30 被认为是公共端子。12V 电源通过此端子连接到继电器(我们可以说是电源线)。高安培数电路端子 87 的第二根导线从继电器获取电源并将其发送到组件。五针继电器的高电流电路中还有第三根导线,称为端子 87a。它是额外的第五个端子,在汽车继电器中不常用。它用于在继电器未激活时需要电源的电路。如图 1-12 所示为五针继电器的两种接线方式。

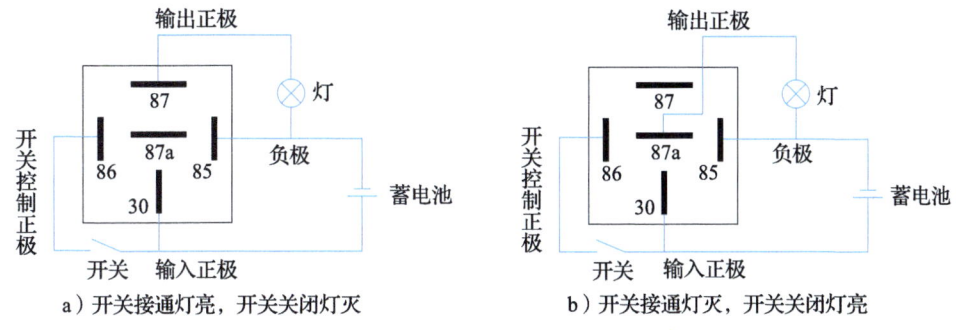

a)开关接通灯亮,开关关闭灯灭　　b)开关接通灯灭,开关关闭灯亮

图 1-12　五针继电器的两种接线方式

(3)继电器工作原理

根据法拉第定律,磁场的任何变化都会产生电动势(电),而导体中电流的任何变化都会在该导体周围产生磁场。当电流流过继电器的线圈电路时,会产生电磁场,吸引可动杆连接继电器的大电流电路。

继电器既是一种控制开关,又是控制对象(执行器)。其工作原理是电磁原理。当电磁继电器线圈两端加上一定的电压或电流，线圈产生的磁通通过铁心、轭铁、衔铁、磁路工作气隙组成的磁路，在磁场的作用下，衔铁吸向铁心极面，从而推动常闭触点断开，常开触点闭合，继电器的大电流电路导通；当线圈两端电压或电流小于一定值时，机械反力大于电磁吸力时，衔铁回到初始状态，常开触点断开，常闭触点接通，继电器的大电流电路阻断。

（4）插接式继电器的检测

1）开路检测：可用万用表测阻法检查判断继电器的好坏。用万用表 R×100Ω 档检查端子 85 与端子 86、端子 87 与端子 87a 应导通。而端子 87 与端子 30 间电阻应为无穷大。如检测结果与上述规律不符，说明继电器有问题。

微课视频
继电器开路检测方法

2）带电检测：如果上述检查无问题，可在端子 85 与端子 86 间加 12V 供电，用万用表检查端子 87 与端子 30 应导通。如不符合上述规律，或通电后继电器发热，均说明其已损坏。

其他各种继电器均可按上述方法进行检测判断，如图 1-13 所示为五针继电器的检查方法。

微课视频
继电器带电检测方法

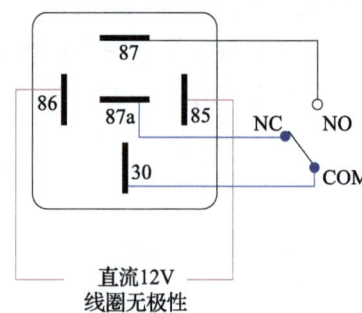

图 1-13　五针继电器检查方法

五、实践任务

能对电路保护装置进行故障检测。

六、实践计划

1. 分小组

组长：负责操作设计及规范操作，协助总结记录员完成总结报告。
主操作手：负责主要操作。
副操作手：负责协助主操作手并读取数据。

数据记录员：负责对数据进行记录。

数据核对员：负责将实测数据与理论数据进行对比。

总结记录员：负责汇总形成报告。

小组成员分工及故障分析
成员分工
项目分析

2. 实施计划

1）分别绘制包括开关、熔丝、继电器的电路图。

2）选择合适的工具

3）对检测结果进行预期判断。

①开关。

②熔丝。

③继电器。

七、实践实施

实训数据记录					
姓名			班级		
学号			指导教师		
组员					
汽车 VIN 码					
汽车品牌		汽车车型		汽车年代	
工具选择					
数据记录及结果分析					

八、实践反思

自评、互评、教师点评表

姓名		班级		学号		指导教师		组别	
评分项目		评分内容			分值	个人评分	小组评分	教师评分	
工具、场地准备		场地干净整洁，符合作业要求			5				
		通用及专用工具准备齐全、正确			5				
专业知识学习		学习态度端正，认真积极			5				
工具、设备选择与使用		检测与维修工具、设备选择正确、合适			5				
		工具、设备使用正确，操作规范			10				
操作实施		按照要求实施操作			25				
		操作正确、有序			10				
		零部件拆装无破损			5				
总结报告		数据记录完整，符合实际情况			5				
		实训报告客观、务实			5				
团队协作能力		小组成员分工明确			5				
		团队协作，共同完成实训操作			5				
安全		安全操作，未出现人身危险情况			5				
		工具、设备使用安全，未损坏			5				
总分					100				

组长： 日期：

九、思考题

1）汽车熔丝（保险丝）是否可以混合使用？

2）如何对汽车熔丝（保险丝）进行检查？

3）如何对汽车继电器进行检查？

小知识：汽车熔丝需要在电流限值范围内，超过电流限制则会熔断。

任务 3　电路图识别

一、任务目标

1）熟悉汽车电路图的基本识读方法。
2）完成对简单汽车电路图的识读与分析

二、任务内容

掌握汽车电路图的识读方法。

三、安全注意事项

注意个人及设备安全，规范操作。

四、知识提要

1. 汽车电路具备的五个基本特点

（1）两个电源

所谓两个电源，就是指蓄电池和发电机两个供电电源。蓄电池是辅助电源，在汽车未运转时向有关用电设备供电；发电机是主电源，当发电机转速达到规定的发电转速，开始向有关用电设备供电，同时对蓄电池进行充电。汽车中发电机与蓄电池并联，所以才组成完整汽车电路的电源。蓄电池是一个可逆的直流电源，既能将化学能转换为电能，也能将电能转换为化学能。具有独立的电源回路是汽车电路的特殊性之一。两者的联系是发电机靠起动机起动发动机带动，而起动机的电源是蓄电池，当蓄电池的电能消耗完后又必须用直流电进行充电，所以汽车电气系统为直流系统。

（2）低压直流供电

汽车电气设备采用低压直流供电，即 12V 和 24V 两种。目前汽油车普遍采用 12V，柴油车普遍采用 24V。

（3）单线制

汽车上所有用电设备都是并联的，电源到用电设备只用一根导线连接，而将汽车的金属机体作为公共回路，这种连接方式称为单线制。由于单线制节省导线，线路清晰，安装与检修方便，并且用电设备无需与车体绝缘，因此被现代汽车广泛采用。

微课视频
汽车电源

> **注意**：在一些不能形成可靠电气回路或需要精确电子信号的回路中，采用双线制。

（4）负极搭铁（接地）

所谓搭铁，就是采用单线制时，将蓄电池的一个电极用导线连接到车架（发动机或底盘等金属车体）上。若蓄电池的负极连接到金属车体上，称为负极搭铁（接地）；反之，若蓄电池的正极连接到金属车体上，称为正极搭铁。目前各国生产的汽车基本上都采用负极搭铁方式。

（5）用电设备并联

所谓用电设备并联，就是指汽车上的各种用电设备都采用并联方式与电源连接，每个用电设备都由各自串联在其支路中的专用开关控制，互不产生干扰。

2. 汽车电路图的类型

（1）汽车电路原理框图（系统图）

如图 1-14 所示为汽车电路原理框图。由于汽车的电气系统较为复杂，为概括性地表示各个汽车电气系统或分系统的基本组成及其相互关系，常采用原理框图。所谓原理框图（系统图）是指用符号或带注释的框，概略表示汽车电气系统基本组成，相互关系及其主要特征的一种简图。原理框图（系统图）所描述的对象是系统或分系统的主要特征，它对内容的描述是概略的，用来表示系统或分系统基本组成的是图形符号和带注释的框。

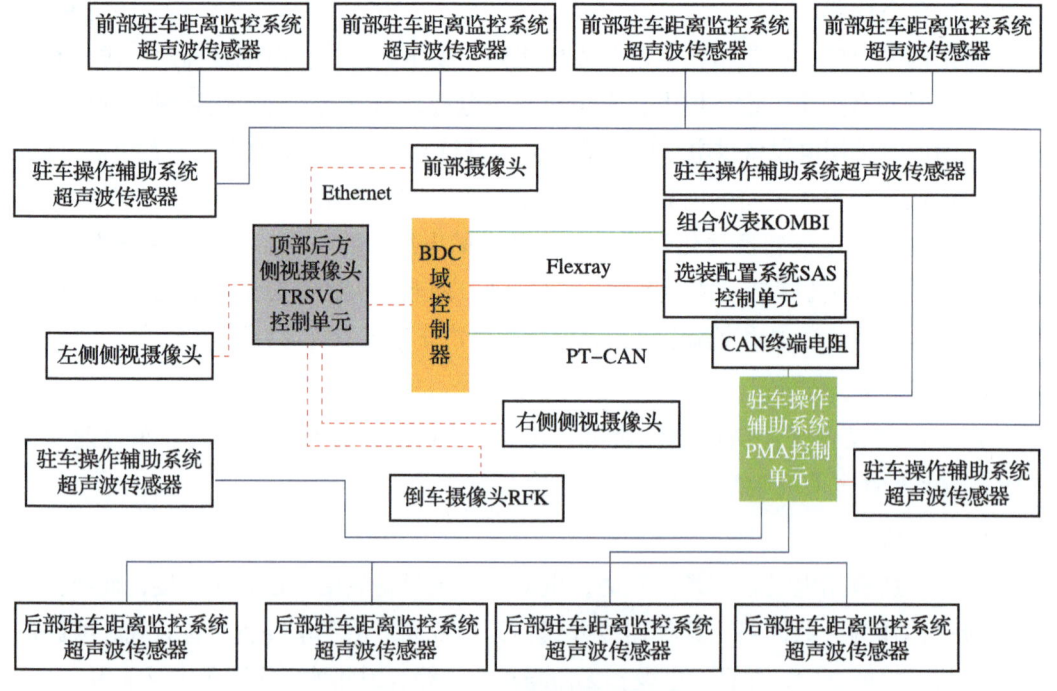

图 1-14 汽车电路原理框图

在原理框图（系统图）上我们可以看到整个系统的连接关系，系统是由什么部件组成的，与哪些电控单元存在联系，以及控制了哪些部件等。但原理框图只是简单地说明了系统和部件的连接关系，不能体现电路的具体走向。

（2）汽车电路线束图（安装图）

随着汽车上的用电设备、电控单元越来越多，需要的连接导线也越来越多。为了安装方便，保护导线同时方便维修，将同路的许多导线用棉纱编织物或聚氯乙烯塑料袋包扎成束。汽车电路线束图就是根据电气设备在汽车上的实际安装部位绘制的局部电路图，如图1-15所示。

在实际维修检测中，线束图可以帮助检测技术人员快速确定插接器位置、连接走线等。整车电路线束图常用于汽车厂总装线和修理厂的连接、检修与配线。

线束图主要表明电线束与各用电器的连接部位，接线端子的标记、线头、插接器（连接器）的形状及位置等。这种图一般不详细描绘线束内部的电线走向，只将露在线束外面的线头与插接器进行详细编号或用字母标记。

线束图按照布线位置和线束的功能可分为发动机舱线束、仪表板线束、底板线束、车身线束等。

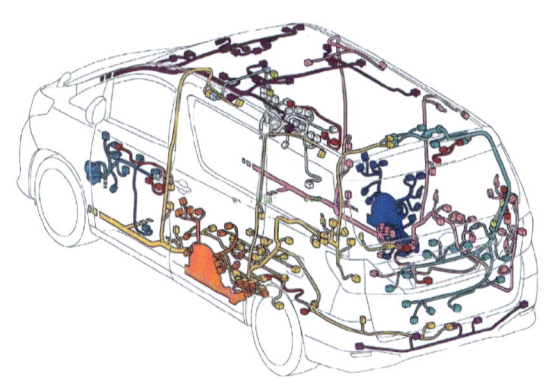

图1-15 汽车电路线束图

（3）汽车零件位置图

零件位置图（图1-16）是表现汽车用电设备零件安装位置的图示，将汽车用电设备按照系统在图上标识出来，方便维修检测师快速定位零件位置，尤其是发动机传感器、执行器的位置在维修时经常用到。

（4）汽车电路接线图

汽车电路接线图（图1-17）是指专门用来标记电气设备的安装位置、外形、线路走向的指示图。它按照全车电气设备安装的实际方位绘制，部件与部件之间的连线按实际关系绘出，为了尽可能接近实际情况，图中的电器不用图形符号，而是用该电器的外形轮廓或特征表示，在图上还应注意将线束中的导线尽量画在一起。

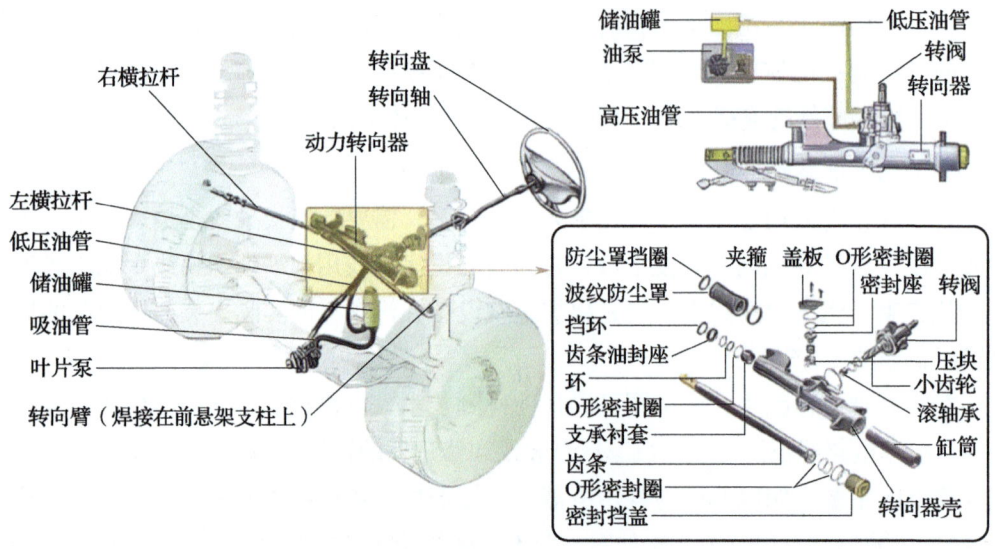

图 1-16 汽车零件位置图

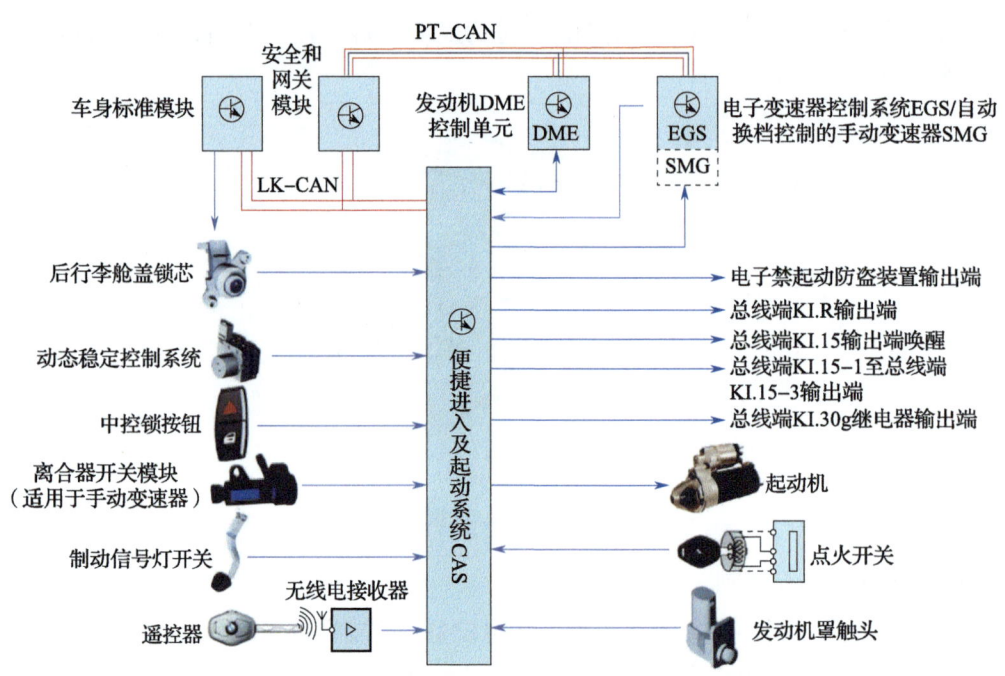

图 1-17 汽车电路接线图

汽车电路接线图明确地反映了汽车实际的线路情况，查线时，导线中间的分支、接点很容易找到，为安装和检测汽车电路提供方便。但因其线条密集，纵横交错，给读图、查找、分析故障带来不便。

（5）汽车电路原理图

汽车电路原理图（图 1-18）是用电器图形符号，按工作顺序或功能布局绘制的，详细表示汽车电路的全部组成和连接关系，不考虑实际位置的简图。汽车电路原理图可清楚地反映出电气系统各部件的连接关系和电路原理。

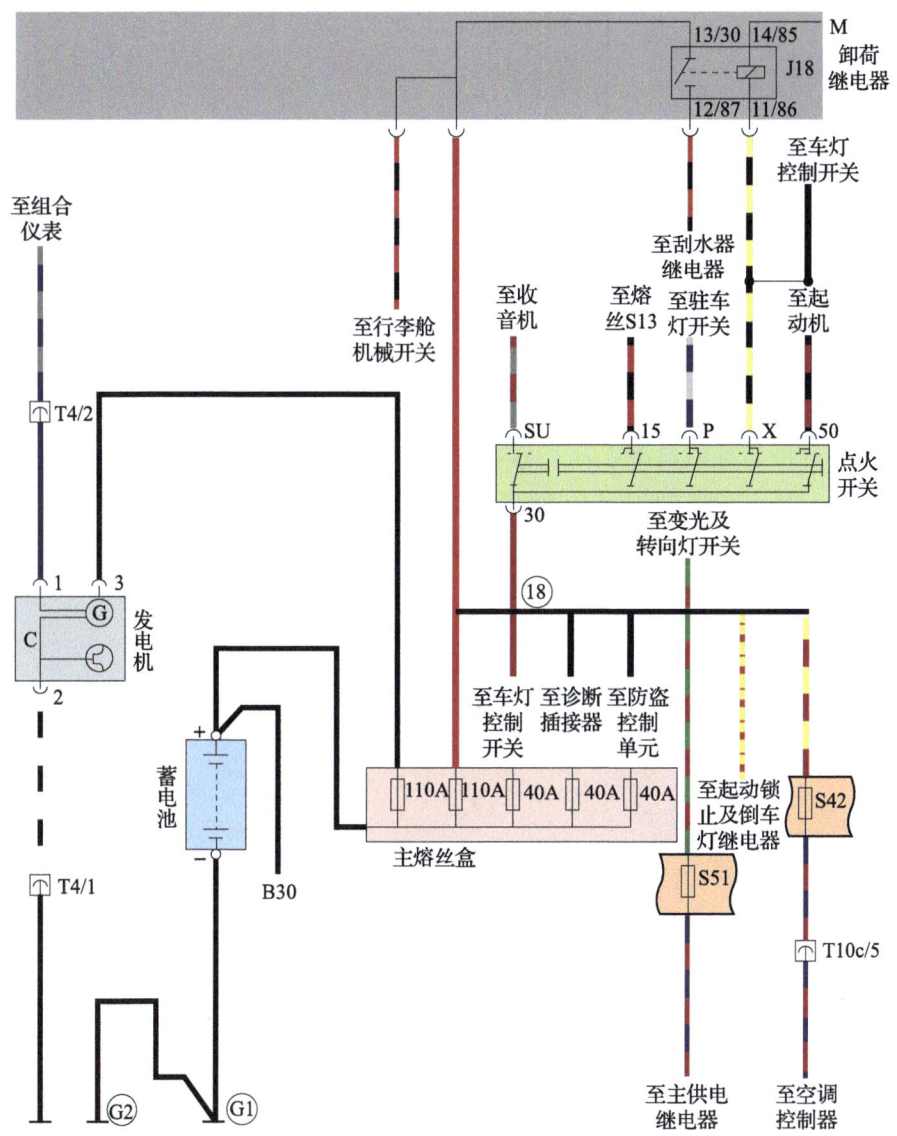

图 1-18 汽车电路原理图

3. 汽车电路图识别的注意事项

1）认真阅读图注。

2）熟记图形符号。

3）牢记回路原则。

4）掌握开关在电路中的作用。

5）掌握线束色标的规律。

6）先易后难进行电路图分析。

7）善于请教和查找资料。

4. 绘制简单电路

（1）电流分路法

电流分路法如图1-19所示，此方法的要点是从电源的正极出发，顺着电流的方向找，直到电源的负极为止。不管电路如何弯曲，只要是电流不分路，即电流从一个用电器流向另一个用电器，一直流下去，那么用电器就是串联接法，组成的就是串联电路。如果电路在某点出现分路，表明这个电路中既有干路，又有支路，那么电流通过支路上的用电器后将在另一点汇合，再回到电源的负极。当干路上没有用电器，而每条支路上有用电器时，这些用电器就组成并联电路。

（2）节点法

所谓节点指的是电路中那些"导线交叉相连"的点，包括分流点和汇流点，如图1-20所示。利用节点法识别电路的具体步骤是：

1）先找出电路中的所有节点，并分别用字母（或数字）表示。

2）将所有用一根导线直接相连（不经过用电器）的节点视为同一节点。并改用同一字母（或数字）表示。

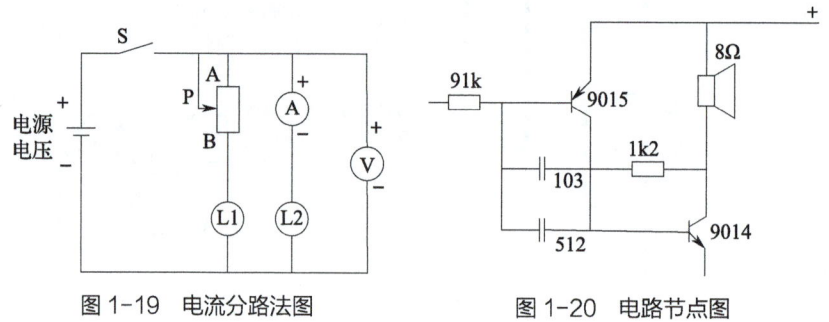

图1-19 电流分路法图　　图1-20 电路节点图

5. 电路分析

1）对简单电路进行分析，如图1-21所示。

2）对局部电路进行分析，如图1-22、图1-23所示。

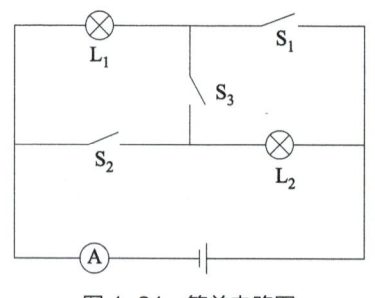

图1-21 简单电路图

项目 1　电路图识别与基础

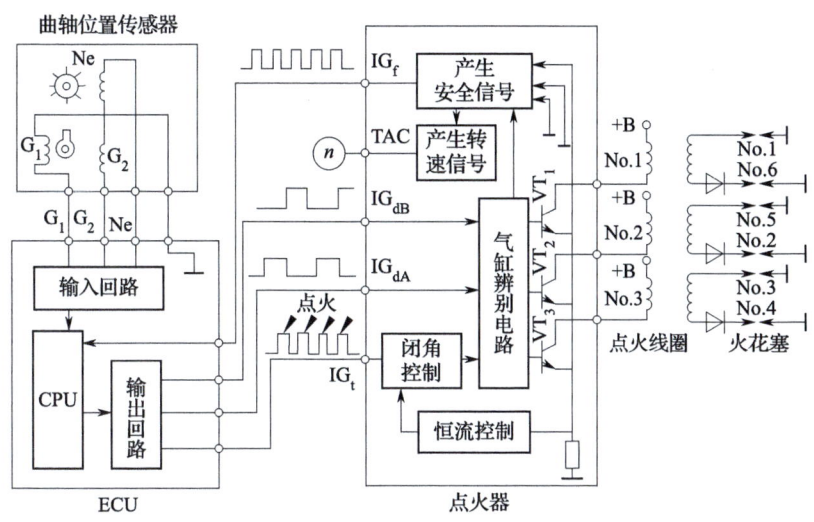

图 1-22　局部电路图 1

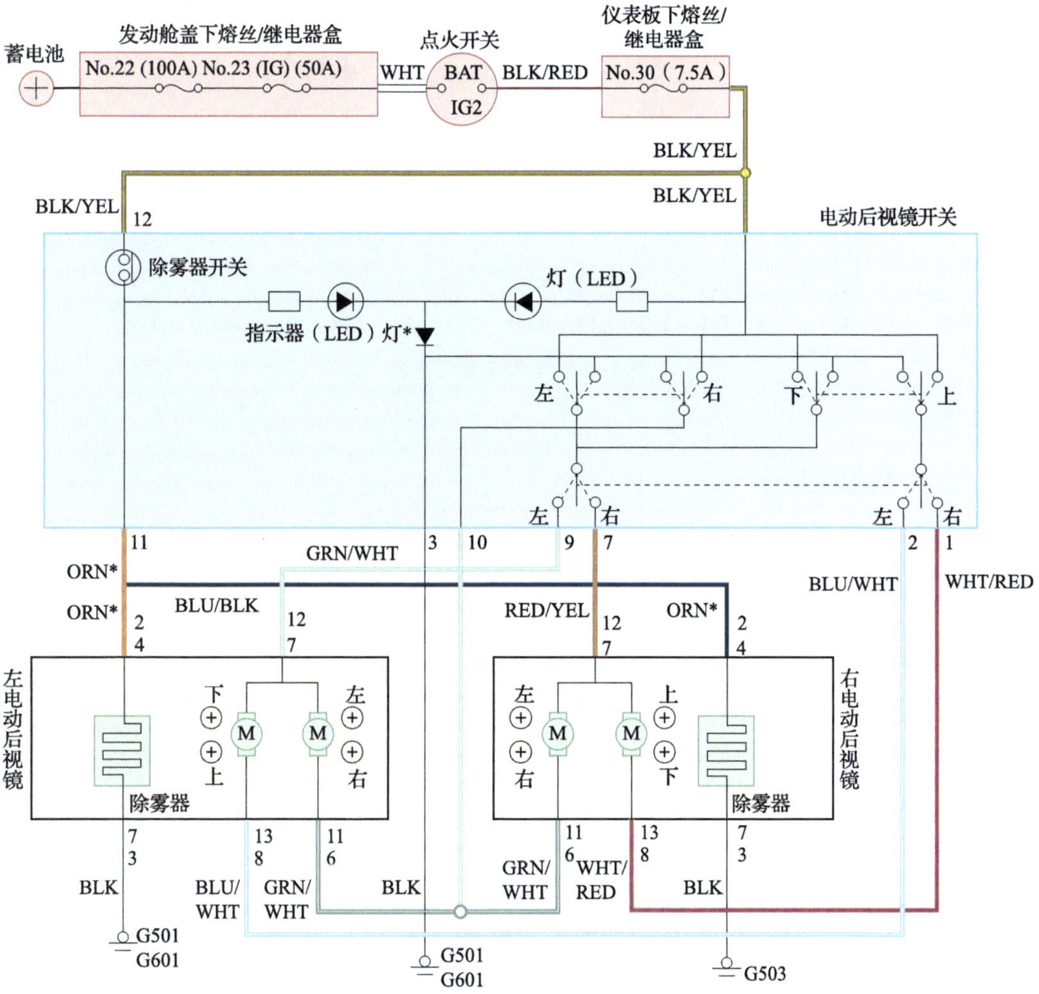

图 1-23　局部电路图 2

3）了解全车电路，如图 1-24 所示。

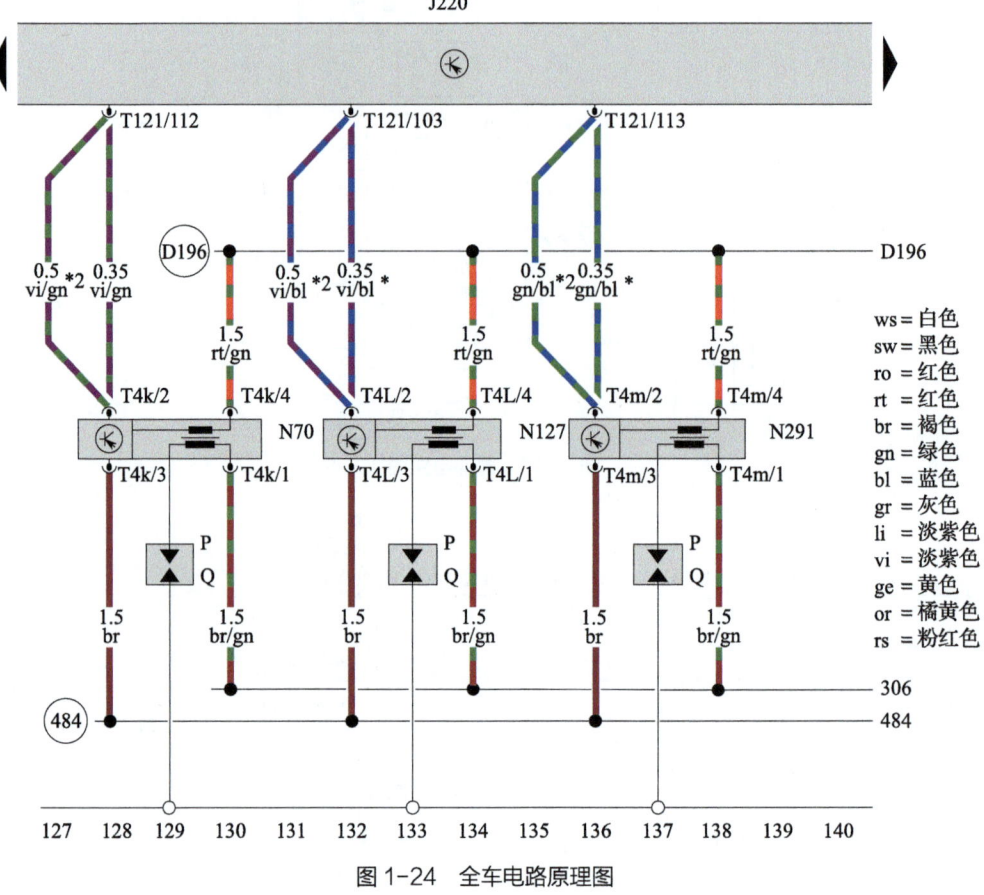

图 1-24　全车电路原理图

五、实践任务

能对汽车电路图进行识别，并对故障检修流程进行初步设计。

六、实践计划

1. 分小组

组长：负责操作设计及规范操作，协助总结记录员完成总结报告。
主操作手：负责主要操作。
副操作手：负责协助主操作手并读取数据。
数据记录员：负责对数据进行记录。
数据核对员：负责将实测数据与理论数据进行对比。
总结记录员：负责汇总形成报告。

小组成员分工及故障分析
成员分工
项目分析

2. 实施计划

1）对电路图符号进行识读。

2）分析电路工作原理。

3）设计电路故障检修流程。

七、实践实施

实训数据记录				
姓名		班级		
学号		指导教师		
组员				
汽车 VIN 码				
汽车品牌		汽车车型		汽车年代
工具选择				
数据记录及结果分析				

八、实践反思

自评、互评、教师点评表

姓名		班级		学号		指导教师		组别	

评分项目	评分内容	分值	个人评分	小组评分	教师评分
工具、场地准备	场地干净整洁，符合作业要求	5			
	通用及专用工具准备齐全、正确	5			
专业知识学习	学习态度端正，认真积极	5			
工具、设备选择与使用	检测与维修工具、设备选择正确、合适	5			
	工具、设备使用正确，操作规范	10			
操作实施	按照要求实施操作	25			
	操作正确、有序	10			
	零部件拆装无破损	5			
总结报告	数据记录完整，符合实际情况	5			
	实训报告客观、务实	5			
团队协作能力	小组成员分工明确	5			
	团队协作，共同完成实训操作	5			
安全	安全操作，未出现人身危险情况	5			
	工具、设备使用安全，未损坏	5			
总分		100			

组长：　　　　　　　　　　　　　　日期：

九、思考题

1）汽车电路图需要具备哪五大特点？

2）汽车电路图有哪些类型？

3）请简要画出电压表、电流表、温度计、车灯、发动机、温度调节器等电气设备的符号。

小知识：电路图刻画精细，即使细微的电路设计错误也会导致电路超标压、正负极短路等故障问题，产生电气设备损坏、电路火花等故障现象。

任务 4　电路常用检测设备认识及应用

一、任务目标

1）掌握汽车电路常用检测设备使用方法。
2）能正确使用检测设备对汽车电路故障线路进行检测。

二、任务内容

掌握汽车电路常用检测设备故障线路检测方法。

三、安全注意事项

注意个人及设备安全，规范操作。

四、知识提要

1. 跨接线

微课视频
跨接线

（1）功用

跨接线（图 1-25）是一根测试导线，是指在不改动原有电气系统的基础上，把一个新的元器件接入系统，与原来的元器件并联运行，共同完成任务。

（2）结构

组成结构简单的跨接线就是一段多股导线，它的两端分别接有鳄鱼夹或不同形式的插头，所以它具有多种形式。

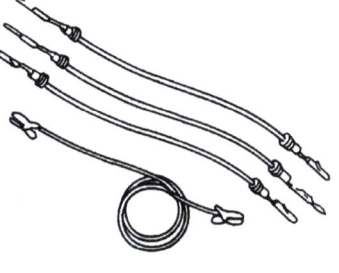

图 1-25　跨接线

（3）使用方法

跨接线虽然比较简单，但却是非常实用的工具，它只是起一个旁通电路的作用（图 1-26）。如某一个电气部件不工作，将跨接线连接在被试部件接线点与车身搭铁之间，此时部件工作说明其搭铁电路开路。如搭铁电路很好，就将跨接线连接在蓄电池正极与被试部件的电源接柱之间，此时部件工作，说明部件电源电路有故障（断路或短路）。如部件仍不工作，说明部件有故障。

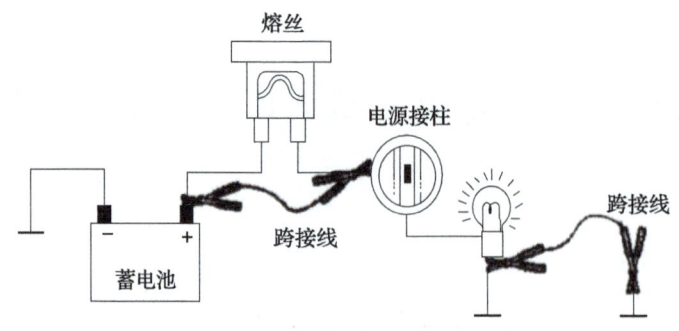

图 1-26 跨接线使用方法

（4）使用注意事项

1）使用跨接线将电源电压加至检测部件之前，必须先确认被检测部件的电源电压是否应为 12V。如有的部件电源电压为 5V，加上 12V 电压就可能使零件烧掉。

2）跨接线不可错误连接在检测部件"+"插头与搭铁之间。

2. 试灯

（1）组成及功用

试灯主要由试灯、导线、搭铁夹和带手柄的探针或各种型号端头组成。它主要用来检查系统电源电路是否给电气部件提供电源。试灯中一般安装一个与车辆电压级别一致的小灯泡或发光二极管作为光源。

微课视频
试灯

（2）分类

按试灯自身有无电源，分为无源试灯和有源试灯。

1）无源试灯（12V 测试灯）：无源试灯手柄透明，里面装有一只灯泡。手柄的一端伸出带尖的探头，另一端引出一根带夹子的搭铁线。将测试灯一端搭铁，另一端连接电气部件电源插头。如灯亮，说明电气部件的电源电路无故障；如灯不亮再去接电源方向的第二个接线点，如灯亮则故障在第一接点与第二接点之间，电路出现的是断路故障。如灯仍不亮，则再去接第三个接点……，直到灯亮为止说明故障在最后被测接点与上一个被测接点间的电路上，大多为断路故障。

试灯也可自行制作，例如，可以将汽车示宽灯灯泡的一端连接探针，另一端连接搭铁线夹即可。试灯的局限性在于它不能显示出被检电路点的电压值是多少。

> **注意**：不提倡用无源试灯检测计算机控制的电路，除非电路说明书中有特殊要求。

2）有源试灯：有源试灯也被称为导通检测器，用来检查电路是否导通。有源试灯同无源试灯类似，只是在手柄内自带一个电池（一般为两节 1.5V 干电池）。连接到一条导线的两端上，测试线路的断路和短路故障。

（3）使用方法

1）断路检查：首先断开与被检测电气部件相连接的电源电路，将测试灯一端搭铁，另一端连接电路各接点（从电路首端开始）。如果灯不亮则断路出现在被测点与搭铁之间，如灯亮断路则出现在此时被测点与上一个被测点之间。

2）短路检查：首先断开电气部件电路的电源线和搭铁线，测试灯一端搭铁，一端与余下电气部件电路相连接，如灯亮表示有短路故障（搭铁）存在，然后逐步将电路中插接器脱开，开关打开，拆除部件，直到灯灭为止，则短路出现在最后开路部件与上一个开路部件之间。

（4）使用注意事项

1）不能用有源试灯测试带电电路，否则会损坏试灯。

2）不可用测试灯检查汽车电子控制系统，除非维修手册中有特殊说明，方可进行。

3）在使用试灯测试时，不能测试安全气囊线路与部件，否则会引起安全气囊误报。

3. 万用表

（1）功用

万用表是一种带有整流器的，可以测量交、直流电流，电压及电阻等多种电学参量的磁电式仪表。对于每一种电学量，一般都有几个量程。又称多用电表或简称多用表。

（2）分类

常见的万用表有指针式万用表和数字式万用表。

1）指针式万用表是以表头为核心部件的多功能测量仪表，测量值由表头指针指示读取，如图1-27所示。

2）数字式万用表的测量值由液晶显示屏直接以数字的形式显示，读取方便，有些还带有语音提示功能。万用表是共用一个表头，集电压表、电流表和欧姆表于一体的仪表，如图1-28所示。

（3）使用方法

1）使用前应熟悉万用表

图1-27　指针式万用表

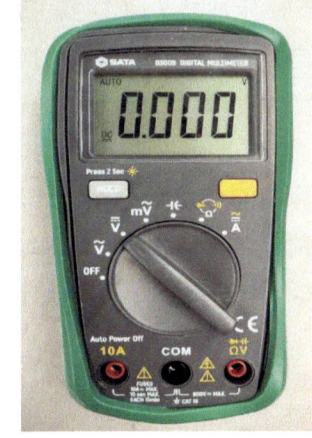

图1-28　数字式万用表

各项功能，根据被测量的对象，正确选用档位、量程及表笔插孔。

2）被测数据大小不明时，应先将量程开关置于最大值，而后由大量程往小量程档处切换，使仪表指针指示在满刻度的 1/2 以上处即可。

3）测量电阻时，在选择了适当倍率档后，将两表笔相碰使指针指在零位，如指针偏离零位，应调节调零旋钮，使指针归零，以保证测量结果准确。如不能调零或数显表发出低电压报警，应及时检查。

4）在测量某电路电阻时，必须切断被测电路的电源，不得带电测量。

5）使用万用表进行测量时，要注意人身和仪表设备的安全，测试中不得用手触摸表笔的金属部分，不允许带电切换档位开关，以确保测量准确，避免发生触电和烧毁仪表等事故。

（4）使用注意事项

1）在使用万用表之前，应先进行"机械调零"，即在没有被测电量时，使万用表指针指在零电压或零电流的位置上。

2）在使用万用表过程中，不能用手去接触表笔的金属部分，这样一方面可以保证测量的准确，另一方面也可以保证人身安全。

3）在测量某一电量时，不能在测量的同时换档，尤其是在测量高电压或大电流时，更应注意。否则，会使万用表毁坏。如需换档，应先断开表笔，换档后再去测量。

4）万用表在使用时，必须水平放置，以免造成误差。同时，还要注意避免外界磁场对万用表的影响。

5）万用表使用完毕，应将转换开关置于交流电压的最大档。如果长期不使用，还应将万用表内部的电池取出来，以免电池腐蚀表内其他器件。

4. 示波器

（1）功用

示波器（图 1-29）是一种用途十分广泛的电子测量仪器。它能把肉眼看不见的电信号变换成看得见的图像，便于人们研究各种电现象的变化过程。示波器利用狭窄的、由高速电子组成的电子束，打在涂有荧光物质的平面上，就可产生细小的光点（这是传统的模拟示波器的工作原理）。在被测信号的作用下，电子束就好像一支笔的笔尖，可以在平面上描绘出被测信号的瞬时值的变化曲线。利用示波器能观察各种不同信号幅度随时间变化的波形曲线，还可以用它测试各种不同的电量，如电压、电流、频率、相位差等。

微课视频
示波器

（2）组成结构

1）显示电路。显示电路包括示波管及其控制电路两个部分。示波管是一种特殊的电子管，是示波器一个重要组成部分。示波管由电子枪、偏转系统和荧光屏 3 个部分

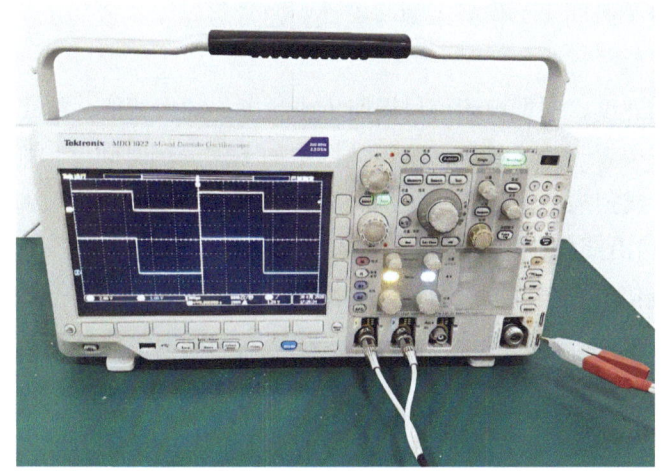

图 1-29 示波器

组成。

2)电子枪。电子枪用于产生并形成高速、聚束的电子流,去轰击荧光屏使之发光。

3)偏转系统。示波管的偏转系统大都是静电偏转式,它由两对相互垂直的平行金属板组成,分别称为水平偏转板和垂直偏转板。分别控制电子束在水平方向和垂直方向的运动。当电子在偏转板之间运动时,如果偏转板上没有加电压,偏转板之间无电场,离开第二阳极后进入偏转系统的电子将沿轴向运动,射向屏幕的中心。如果偏转板上有电压,偏转板之间则有电场,进入偏转系统的电子会在偏转电场的作用下射向荧光屏的指定位置。

4)荧光屏。荧光屏位于示波管的终端,它的作用是将偏转后的电子束显示出来,以便观察。在示波器的荧光屏内壁涂有一层发光物质,因而,荧光屏上受到高速电子冲击的地点就显现出荧光。此时光点的亮度决定于电子束的数目、密度及其速度。改变控制极的电压时,电子束中电子的数目将随之改变,光点亮度也就改变。在使用示波器时,不宜让很亮的光点固定出现在示波管荧光屏一个位置上,否则该点荧光物质将因长期受电子冲击而烧坏,从而失去发光能力。

(3)使用方法

1)选择 Y 轴耦合方式。根据被测信号频率的高低,将 Y 轴输入耦合方式选择"AC—地—DC"开关置于 AC 或 DC。

2)选择 Y 轴灵敏度。根据被测信号的大约峰值(如果采用衰减探头,应除以衰减倍数;在耦合方式取 DC 档时,还要考虑叠加的直流电压值),将 Y 轴灵敏度选择 V/div 开关(或 Y 轴衰减开关)置于适当档级。实际使用中如不需读测电压值,则可适当调节 Y 轴灵敏度微调(或 Y 轴增益)旋钮,使屏幕上显现所需要高度的波形。

3）选择触发（或同步）信号来源与极性。通常将触发（或同步）信号极性开关置于"+"或"-"档。

4）选择扫描速度。根据被测信号周期（或频率）的大约值，将 X 轴扫描速度 t/div（或扫描范围）开关置于适当档级。实际使用中如不需读测时间值，则可适当调节扫描速度 t/div 微调（或扫描微调）旋钮，使屏幕上显示测试所需周期数的波形。如果需要观察的是信号的边沿部分，则扫速 t/div 开关应置于最快扫描速度档。

5）输入被测信号。被测信号由探头衰减后（或由同轴电缆不衰减直接输入，但此时的输入阻抗降低，输入电容增大），通过 Y 轴输入端输入示波器。

（4）使用注意事项

仪器操作人员的安全和仪器安全，仪器在安全范围内正常工作，保证测量波形准确，数据可靠，应注意：

1）热电子仪器一般要避免频繁开机、关机，示波器也是这样。

2）如果发现波形受外界干扰，可将示波器外壳搭铁。

3）"Y 输入"的电压不可太高，以免损坏仪器，在最大衰减时也不能超过 400V。"Y 输入"导线悬空时，受外界电磁干扰出现干扰波形，应避免出现这种现象。

4）关机前先将亮度调节旋钮沿逆时针方向转到底，使亮度减到最小，然后再断开电源开关。

5）在观察荧屏上的亮斑并进行调节时，亮斑的亮度要适中，不能过亮。

5. 汽车故障诊断仪

（1）功用

汽车故障诊断仪（又称汽车解码仪）如图 1-30 所示，是车辆故障自检终端，是用于检测汽车故障的便携式智能汽车故障自检仪，用户可以利用它迅速地读取汽车电控系统中的故障，并通过显示屏显示故障信息，迅速查明发生故障的部位及原因。

微课视频
汽车故障诊断仪

图 1-30　汽车故障诊断仪

（2）使用方法

1）测试前应正确选择检测适配插头，各车型的检测插接器所提供的电源形式不同，有的需要接外接电源，有的不需要接外接电源（如OBDI），因此要避免因选择插头不当而烧坏仪器。

2）测试前应先将测试卡插入仪器主机的测试卡接口，然后再接通电源。

3）仪器的额定电压为12V，检测时蓄电池的电压应在1~14V之间。

4）关闭汽车上所有的附属电器设备（如空调、前照灯、音响等）。

5）发动机的节气门应处于关闭状态。

6）接通电源，仪器屏幕会闪烁。若程序未运行或出现乱码现象，可拔下仪器的数据线并重新连接一次，即可继续操作。

7）测试插头和诊断插座应接触良好，以保证信号传输不会中断。

8）读取与清除故障码。有的诊断仪对故障码有比较详细的说明，比如是历史性故障码还是当前的故障码，故障码出现几次。如果是历史性故障码就表示故障较早之前出现过，现在不出现了，但在控制单元里面有一定的存储记忆。而当前故障码则表示是最近出现的故障，并且通过出现的次数来确定此故障码是否经常出现。当前故障码绝大部分和目前出现的系统故障有很大关系。

另外要注意的是对故障码的定义说明要留意清楚。是传感器或执行器自身故障，还是线路故障。线路故障要分清楚是短路还是断路。只有清楚明白故障码的定义说明，才能更好地利用故障码排除故障，维修起来也可以少走弯路，达到快捷的目的。

9）测试结束后，应先切断电源，再从主机上拆下数据线和测试卡。

（3）使用注意事项

1）注意程序卡的更换。汽车故障诊断仪中所有的功能基本上都是由程序卡内的软件来控制的，而并不是所有的程序卡都是通用的，所以，在使用汽车故障诊断仪的时候，技术人员要注意了解程序卡的使用范围。如果要应用于范围之外的车型就要安装与之相配套的程序卡。在更换程序卡时要注意先切断电源并且注意不要接触程序卡上面的触点。

2）注意正确连接。每种车型和汽车故障诊断仪的连接方式都会略有不同，所以技术人员在使用汽车故障诊断仪时需要注意按照正确方式对其进行连接。在连接之前，要注意检查一下程序卡上是否有脏污，如有要使用浸透甲醇的无纤维布清洁接触点，以免诊断仪在连接时出现异常。

3）注意正确操作。在使用汽车故障诊断仪的时候要认真对待，操作方法也不能过于随意，避免因此而造成读出错码的现象。此外，在维修过程中不要随意拔下传感器以及执行器的连线以免引起额外的故障出现，同时，在维修完毕以后要及时清除故障码，避免下次维修时产生误导。

以上这几个方面都是使用汽车故障诊断仪时需要注意的一些事项。车辆虽然越来越普及，但是仍然具有较高的价值，所以当汽车出现故障时，应该使用质量有口碑的汽车故障诊断仪来对故障进行检测，并且在检测过程中注意正确操作，这样才能尽快将故障处理完毕。

6. 汽车电路故障情况

（1）短路

电源正、负极的两根导线直接接通，使电气部件不能工作，导线发热或线路中的熔丝烧断。造成短路的原因有：导线绝缘破坏，并相互接触造成短路；开关、接线盒、灯座等外接线螺钉松脱，造成导线头相碰；接线时不慎使两线头相碰；导线头碰触金属部分等。

（2）断路

电源到负载的电路中某一点中断时，电流不通，导致灯不亮，电机停转。这种故障被称为断路。断路一般由导线折断、导线连接端松脱或接触不良等原因造成。

（3）漏电

漏电又称为搭铁故障，是短路故障的典型代表。漏电现象，是耗电量增大，电线发热。漏电原因是电气设备绝缘不良，导线破坏，绝缘老化，破裂，受潮等。

7. 检测注意事项

1）更换烧坏的熔丝时，应使用相同规格的熔丝。使用比规定容量大的熔丝会导致电气部件损坏或引发火灾。

2）拆开插接器时，首先要解除闭锁，然后把插接器拉开，不允许在未解除闭锁的情况下用力拉导线，这样会损坏连锁装置或连接导线。

3）不允许使用欧姆表及万用表的 R×100 档以下低阻欧姆档检测小功率晶体管，以免电流过载损坏晶体管。

4）拆卸和安装电气元件时，应切断电源。

5）拆卸蓄电池时，应先拆下负极电缆；安装蓄电池时，最后连接负极电缆。拆装蓄电池电缆时，应确保点火开关或其他开关都已断开，否则会导致半导体元器件的损坏；切勿颠倒蓄电池接线柱极性。

6）进行保养和维修时，若作业温度超过 80℃（如进行焊接时），应先拆下对温度敏感的零件（如 ECU）。

7）靠近振动部件（如发动机）的线束部分应用卡子固定，将松弛部分拉紧，以免由于振动造成线束与其他部件接触。

8. 利用电路图检测线路故障

当电气系统出现故障时，首先应确定故障的现象和发生故障的条件，这样可以大致确定故障的范围。检查时，应首先对电源、故障系统的供电情况及故障部件本身进行检查。如果通过上述检查工作还不能确定故障原因，就需借助电路图进行故障诊断。电路图可以提供电气设备的基本电路、电器部件的安装位置、线束及插接器的基本情况。在使用电路图进行故障诊断时，可按下述步骤进行：

1）在电路图中找出故障系统的电路，并仔细阅读。

2）通过阅读电路图，找出故障系统电路中所包含的电气部件、线束和插接器等。

3）通过电路图找出上述电气部件、线束和插接器在车上的安装位置及电气部件与插接器上各端子的作用或编码。

4）对怀疑有故障的部件按前述内容进行检测。

5）根据电路图检查线束的短路和断路情况，直至查出故障的部位。

9. 断路和接触不良故障的检测方法

当线路发生断路故障时，可利用万用表检测电阻或电压的方法来确定断路的部位，如图1-31所示。

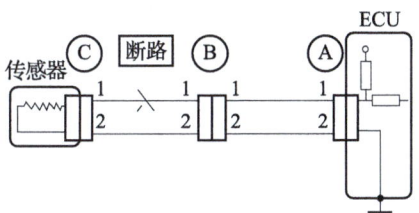

图 1-31　万用表检测方法

（1）检测电阻法

检测线路电阻的方法，如图1-32所示。其具体步骤如下：

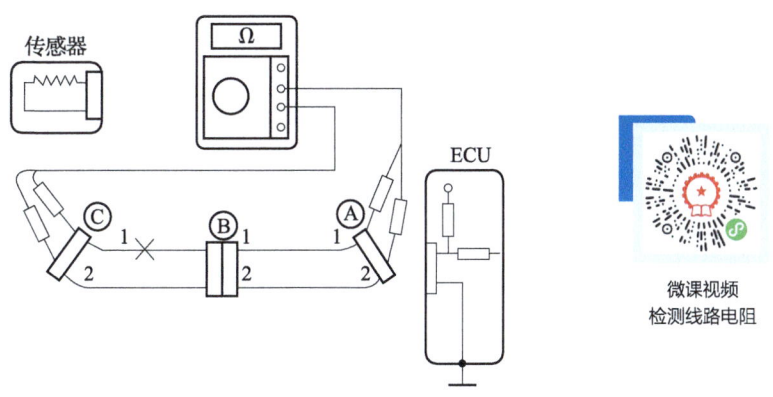

图 1-32　检测电阻法

1）脱开插接器 A 和 C，测量 A 和 C 相应端子之间的电阻值。若插接器 A 端子 1 与插接器 C 端子 1 之间的电阻值为 ∞，则它们之间的导线发生断路故障；若插接器 A

端子 2 端与插接器 C 端子 2 之间的导线电阻值为 0Ω，则它们之间导通（无断路），表明电路连接正常。

2）脱开插接器 B，测量插接器 A 与 B、B 与 C 之间的电阻值。若插接器 A 的端子 1 与插接器 B 的端子 1 之间的电阻值为 0Ω，而插接器 B 的端子 1 与插接器 C 的端子 1 之间的电阻为 ∞，则插接器 A 的端子 1 与插接器 B 的端子 1 之间的导线导通，而插接器 B 的端子 1 与插接器 C 的端子 1 之间的导线有断路故障。

当插接器 A 与插接器 C 距离较远时，可采用图 1-33 所示方法进行检测，即用一导线短接插接器 C 端子 1 与端子 2，用万用表检测插接器 A 端子 1 与端子 2 之间的电阻值。如电阻值为 0Ω，表示该电路导通（无断路），如电阻值为 ∞，表示该电路有断路故障。

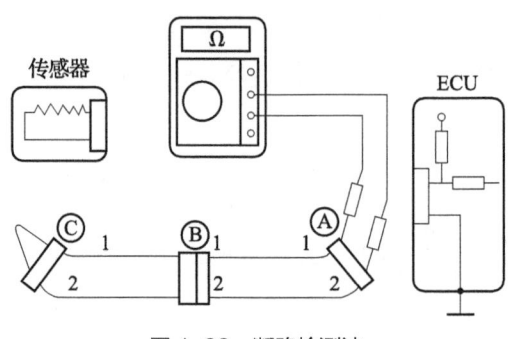

图 1-33　断路检测法

（2）检测电压法

可利用万用表检测线路各接点的电压大小来确定断路的部位。图 1-34 所示为一电子控制电路，ECU 输出电压为 5V。在各插接器接通的情况下，依次测量插接器 A 的端子 1、插接器 B 的端子 1 和插接器 C 的端子 1 与车身（搭铁）之间的电压，测得的电压值分别为 5V、5V 和 0V，则可以判定：在 B 的端子 1 与 C 的端子 1 之间的导线有断路故障。

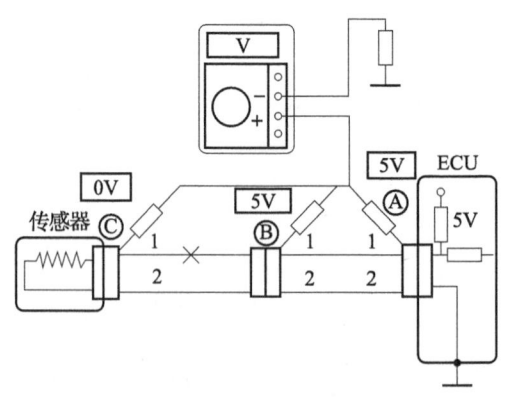

图 1-34　检测电压法

线路接触不良故障的检测方法与断路故障的检测方法基本相同,主要是测量线路的连接点两端之间的电阻值或电压是否在允许范围内,超出标准范围,说明线路连接点接触不良。

10. 线路短路和脱轨故障的检测方法

(1)短路故障的检测

脱开插接器 A 和 C,测量插接器 A 端子 1 与端子 2 之间的电阻。若测量的电阻值为 0Ω,则 1 号导线与 2 号导线间发生短路故障;若测量的电阻值为 ∞,则 1 号导线与 2 号导线之间不导通(无短路),表明电路连接正常,如图 1-35 所示。

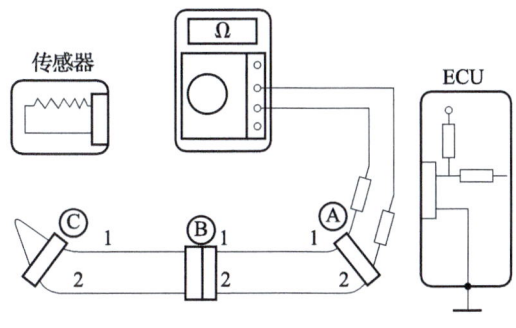

图 1-35 短路故障检测法

(2)搭铁故障的检测

如果导线搭铁,可通过检查导线与车身是否导通来判断短路的部位,如图 1-36 所示。

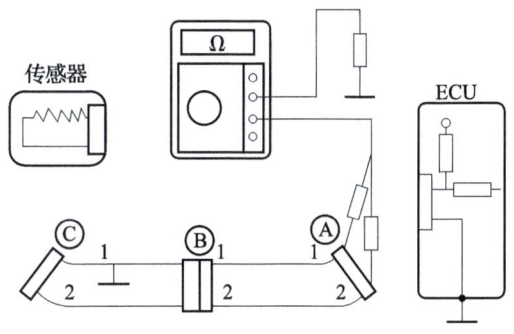

图 1-36 搭铁故障检测法

1)脱开插接器 A 和 C,测量插接器 A 的端子 1 和端子 2 与车身之间的电阻值。若插接器 A 的端子 1 与车身之间的电阻值为 0Ω,而插接器 A 的端子 2 与车身之间的电阻为 ∞,则插接器 A 的端子 1 与插接器 C 的端子 1 的导线与车身间有搭铁故障。

2)脱开插接器 B,分别测量插接器 A 的端子 1 和插接器 B 的端子 1 与车身之间的电阻值。如果测得的电阻值分别为 ∞ 和 0Ω,则可以判定:插接器 B 的端子 1 与插接器 C 的端子 1 之间的导线与车身之间有搭铁故障。

五、实践任务

能使用电路检测设备进行故障检测。

六、实践计划

1. 分小组

组长：负责操作设计及规范操作，协助总结记录员完成总结报告。
主操作手：负责主要操作。
副操作手：负责协助主操作手并读取数据。
数据记录员：负责对数据进行记录。
数据核对员：负责将实测数据与理论数据进行对比。
总结记录员：负责汇总形成报告。

小组成员分工及故障分析
成员分工
项目分析

2. 实施计划

1）绘制基本电路图。

2）将跨接线接入电路。

3）将试灯接入电路。

4）将示波器接入电路。

七、实践实施

实训数据记录					
姓名		班级			
学号		指导教师			
组员					
汽车 VIN 码					
汽车品牌		汽车车型		汽车年代	
工具选择					
数据记录及结果分析					

八、实践反思

自评、互评、教师点评表

姓名		班级		学号		指导教师		组别	
评分项目		评分内容				分值	个人评分	小组评分	教师评分
工具、场地准备		场地干净整洁,符合作业要求				5			
		通用及专用工具准备齐全、正确				5			
专业知识学习		学习态度端正,认真积极				5			
工具、设备选择与使用		检测与维修工具、设备选择正确、合适				5			
		工具、设备使用正确,操作规范				10			
操作实施		按照要求实施操作				25			
		操作正确、有序				10			
		零部件拆装无破损				5			
总结报告		数据记录完整,符合实际情况				5			
		实训报告客观、务实				5			
团队协作能力		小组成员分工明确				5			
		团队协作,共同完成实训操作				5			
安全		安全操作,未出现人身危险情况				5			
		工具、设备使用安全,未损坏				5			
总分						100			

组长: 日期:

九、思考题

1）什么情况下需要使用跨接线？

2）万用表如何选择量程？

3）如何对短路电路进行检修？

4）如何对断路电路进行检修？

小知识：跨接线、试灯等检测辅助工具的应用是汽车检测便利性的需求，也是人们思想创新的产物，我们要在生活、学习及工作中，勤学勤思，创新产品，推动科学技术发展。

汽车电气系统检测与维修

项目 2
汽车电源系统检测与维修

项目目标
- 掌握蓄电池和发电机的选用方法
- 能对蓄电池进行充电
- 能对发电机进行故障检修

项目任务
- 能对蓄电池进行选用
- 能对蓄电池进行日常维护管理
- 能对发电机进行检修

任务 1　蓄电池结构认识及选用

一、任务目标

1）认识蓄电池结构。
2）能正确选用蓄电池。

二、任务内容

掌握蓄电池的选用方法。

三、安全注意事项

注意个人及设备安全，规范操作。

四、知识提要

1. 汽车电源系统的组成

汽车电气设备所使用的电源是直流电源，它来自蓄电池或发电机。由蓄电池、发电机、调节器、充电状态指示装置、点火开关和导线等连接而成的电气系统称为电源系统，如图2-1所示。

图 2-1　汽车电源系统

2. 蓄电池的类型

（1）铅酸蓄电池

铅酸蓄电池已有 100 多年的历史，广泛用作内燃机汽车的起动动力源。它也是成熟的电动汽车蓄电池，它可靠性好，原材料易得，价格便宜，比功率也基本上能满足电动汽车的动力性要求。但它有两大缺点：一是比能量低，所占的质量和体积太大，单次充电行驶里程较短；另一个是使用寿命短，使用成本过高。

（2）镍氢蓄电池

镍氢蓄电池属于碱性电池，镍氢蓄电池循环使用寿命较长，无记忆效应，但价格较高。它的初期购置成本虽高，但由于其在能量和使用寿命方面的优势，其长期的实际使用成本并不高。

（3）锂离子蓄电池

锂离子蓄电池作为新型高电压、高能量密度的可充电电池，其独特的物理和电化学性能，具有广泛的民用和国防应用的前景。其突出的特点是：重量轻，储能大，无污染，无记忆效应，使用寿命长。在同体积情况下，锂离子蓄电池的放电能力是镍氢蓄电池的 1.6 倍，是镍镉蓄电池的 4 倍，并且目前人类只开发利用了其理论电量的 20%~30%，开发前景非常光明。同时它是一种真正的绿色环保电池，不会对环境造成污染，是目前最佳的能应用到电动车上的蓄电池。

（4）镍镉蓄电池

镍镉蓄电池的应用广泛程度仅次于铅酸蓄电池，其比能量可达 55W·h/kg，比功率超过 190W/kg。可快速充电，循环使用寿命较长，是铅酸蓄电池的两倍多，可达到 2000 多次，但价格为铅酸蓄电池的 4~5 倍。它的初期购置成本虽高，但由于其在能量和使用寿命方面的优势，其长期的实际使用成本并不高。缺点是有"记忆效应"，容易因为充放电不良而导致蓄电池可用容量减小。须在使用十次左右后，做一次完全充放电，如果已经有了"记忆效应"，应连续做 3~5 次完全充放电，以释放记忆。另外镉有毒，使用中要注意做好回收工作，以免造成环境污染。

（5）钠硫蓄电池

钠硫蓄电池的优点：一个是比能量高。其理论比能量为 760W·h/kg，实际已大于 100W·h/kg，是铅酸蓄电池的 3~4 倍；另一个是可大电流、高功率放电。其电流密度一般可达 200~300mA/mm²，并瞬时可放出其 3 倍的固有能量；再一个是充放电效率高。由于采用固体电解质，所以没有通常采用液体电解质蓄电池的自放电及副反应，充放电电流效率几乎 100%。钠硫蓄电池缺点：工作温度在 300~350℃，所以，电池工作时需要一定的加热保温，且高温腐蚀严重，电池寿命较短。现在已有采用高性能的真空绝热保温技术，可有效地解决这一问题。也有性能稳定性及使用安全性不太理想等问题。

（6）镍锌蓄电池

新型密封镍锌蓄电池具有高质量能、高质量功率和大电流放电的优势。这种优势使得镍锌蓄电池能够满足电动车辆在一次充电行程、爬坡和加速等方面对能量的需求。其优点：其比能量达到 50W·h/kg 以上，体积能量已超过镍镉蓄电池，小于镍氢蓄电池。大电流放电，蓄电池的电压在宽广的范围是平衡的，且具有很长的使用寿命，循环寿命≥500 次。

（7）锌空气蓄电池

锌空气蓄电池又称锌氧蓄电池，是一种金属空气蓄电池。锌空气蓄电池比能理论值是 1350W·h/kg，现在的比能量已达到了 230W·h/kg，几乎是铅酸蓄电池的 8 倍。可见锌空气蓄电池的发展空间非常大。锌空气蓄电池只能采取抽换锌电极的办法进行"机械式充电"。更换电极在 3min 内即可完成。换上新的锌电极，"充电"时间极短，非常方便。如此种蓄电池得到发展,可省去充电站等社会保障设施的兴建。锌电极可以在超市、蓄电池经营点、汽配商店处购买,对普及此蓄电池电动车十分有利。这种蓄电池具有体积小,电荷容量大,质量小,能在宽广的温度范围内正常工作,且无腐蚀,工作安全可靠,成本低廉等优点。现在试验蓄电池的电荷容量仅是铅酸蓄电池的5倍,不甚理想。但5倍于铅酸蓄电池的电荷量已引起了世人的关注,美国、墨西哥、新加坡及一些欧洲国家都已在邮政车、公共汽车、摩托车上进行试用,也是极有前途的电动车用蓄电池。

（8）飞轮电池

飞轮电池是90年代才提出的新概念电池,它突破了化学电池的局限,用物理方法实现储能。当飞轮以一定角速度旋转时,它就具有一定的动能。飞轮电池正是以其动能转换成电能的。高技术型的飞轮用于储存电能,就很像标准电池。飞轮电池中有一个电机,充电时该电机以电动机形式运转,在外电源的驱动下,电机带动飞轮高速旋转,即用电给飞轮电池"充电"增加了飞轮的转速从而增大其功能;放电时,电机则以发电机状态运转,在飞轮的带动下对外输出电能,完成机械能（动能）到电能的转换。当飞轮电池出电时,飞轮转速逐渐下降,飞轮电池的飞轮是在真空环境下运转的,转速极高（200000r/min）,使用的轴承为非接触式磁轴承。据称,飞轮电池比能可达150W·h/kg,比功率达5000~10000W/kg,使用寿命长达25年,可供电动汽车行驶500万km。

3. 蓄电池需要具备什么功用

1）起动发动机时,给起动机供电。

2）当发电机过载时,可以协助发电机向用电设备供电。

3）当发电机不发电或电压较低时,向用电设备供电。

4）当发电机端电压高于铅蓄电池的电压时,将一部分电能转化为化学能储存起来,也就是进行充电。

4. 蓄电池具备哪些结构

蓄电池由极板、电解液、外壳、连接条、极柱等组成,如图2-2所示。

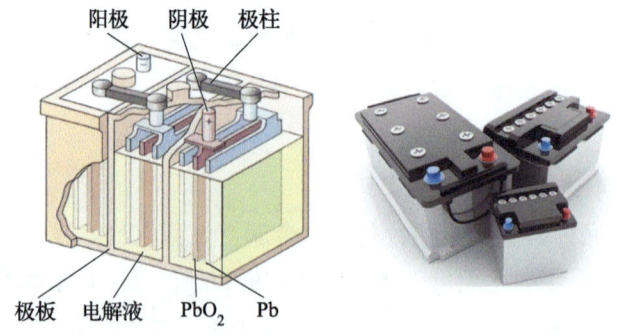

图2-2 蓄电池结构

(1)极板

极板是蓄电池的核心部分,蓄电池充放电过程中,电能与化学能的相互转换依靠极板上的活性物质与电解液中的硫酸的化学反应来实现。极板分正、负极板两种。它由栅架和活性物质组成,如图2-3所示。

1)栅架。栅架用于容纳活性物质,并使极板成型,一般由铅锑合金浇铸而成。如图2-4所示。铅锑合金中,一般加入6%~8.5%的锑,以提高栅架的机械强度并改善其浇注性能。但锑会加速氢的析出而使电解液的消耗加剧,甚至会引起蓄电池自放电和栅架的膨胀、溃烂,缩短蓄电池使用寿命。因此,栅架正向低锑,甚至无锑的铅钙锡合金发展。为了降低蓄电池的内阻,改善蓄电池的起动性能,有些铅蓄电池采用了放射形栅架。

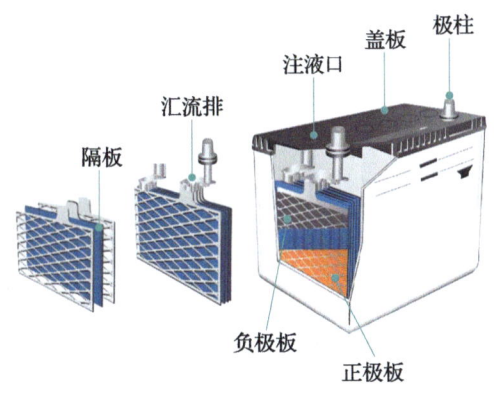

图2-3 极板结构

图2-4 栅架

2)活性物质。活性物质就是极板上的工作物质,为充放电过程提供不可缺少的离子。正极板上的活性物质为深棕色的二氧化铅(PbO_2),负极板上的活性物质为青灰色的海绵状纯铅(Pb)。

将一片正极板和一片负极板浸入电解液中,可得到2.1V左右的电动势。为增大蓄电池容量,常将多片正、负极板分别并联,用横板焊接成正、负极板组。安装时,正、负极板组相互嵌合安装,中间插入隔板后装入蓄电池单格内,便形成单格电池,如图2-5所示。

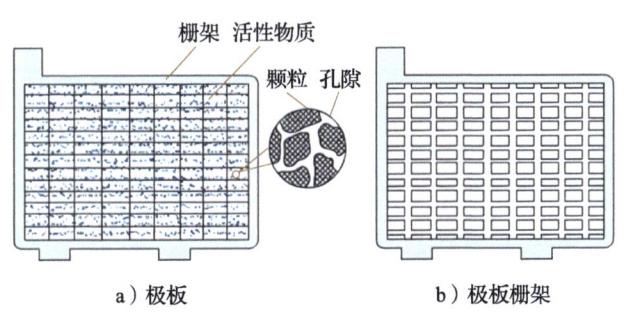

a)极板 b)极板栅架

图2-5 活性物质

由于正极板活性物质比较疏松,且正极板处的化学反应比负极板上的化学反应剧烈,反应前后活性物质体积变化较大,为防止因正极板拱曲和活性物质脱落,在每个单格电池中,负极板的片数总比正极板多一片。

国产负极板的厚度为1.8mm,正极板的厚度为2.2mm。国外大多采用薄型极板,厚度为1.1~1.5mm。薄型极板对提高蓄电池的比容量(极板单位尺寸所提供的容量)和改善起动性能都是很有利的,如图2-6所示。

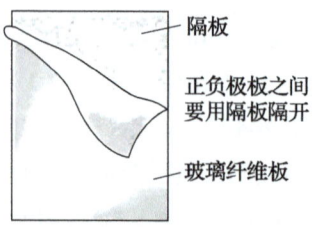

图2-6 蓄电池极板

木质隔板因原料丰富、制作简单、价格便宜,曾得到广泛应用。但因其耐腐蚀性能差,已被淘汰。近年来,由于人造材料工业的不断发展,其价格大幅下降,且微孔橡胶和微孔塑料隔板耐酸性好、强度高、使用寿命长,而玻璃纤维隔板具有多孔性好,成本低廉等优点,故在实际使用中得以普及。

隔板一面平滑,另一面有凹槽。为保证正极板在充、放电过程中化学反应激烈时,而使电解液顺利地上下流通,安装时,带沟槽的一面应朝向正极板。这样还能保证活性物质脱落时,能沿槽迅速沉到底。

(2)电解液

电解液的密度一般为1.24~1.33g/cm³,电解液密度过低,冬季易结冰;电解液密度过大,电解液黏度增加,蓄电池的内阻增加,而加速隔板、极板的腐蚀,使其使用寿命缩短,故应根据本地区气候条件和制造厂的要求合理选用,见表2-1。

表2-1 电解液密度选用的地区差异性

气候条件	全充电15℃时的密度/(g/cm³)	
	冬季	夏季
冬季温度低于-40℃地区	1.310	1.250
冬季温度高于-40℃地区	1.290	1.250
冬季温度高于-30℃地区	1.280	1.250
冬季温度高于-20℃地区	1.270	1.240
冬季温度高于0℃地区	1.240	1.240

电解液相对密度值,随温度的变化而变化,一般温度每升高1℃,相对密度变化值为0.0007g/cm³。

(3)外壳

外壳用来盛放电解液和极板组,并使蓄电池构成一个整体。外壳的材料有硬质橡胶和聚丙烯塑料两种,由间壁将其分为三个或六个相互分离的单格,底部有凸起的筋条支撑极板组,凸筋之间的空间用来容纳极板脱落的活性物质,以防极板短路,如

图 2-7 所示。橡胶外壳的每单格有一个小盖，塑料外壳采用整体盖。普通蓄电池每单格的中间有一个电解液加液孔，用于添加电解液和蒸馏水，以及测量电解液密度、温度和液面高度。平时拧装一个螺塞，螺塞上有一个通气小孔，蓄电池使用时应保持其畅通，以便随时排出蓄电池内化学反应放出的氢气（H_2）和氧气（O_2），防止外壳胀裂和发生事故。

（4）连接条

为提高蓄电池的供电电压，用连接条将各单格电池串联连接，一个单格电池的正极桩与相邻单格电池的负极桩采用连接条焊接。连接条连接方式通常有外露式、内部穿壁式或跨接式等，如图 2-8、图 2-9 所示。

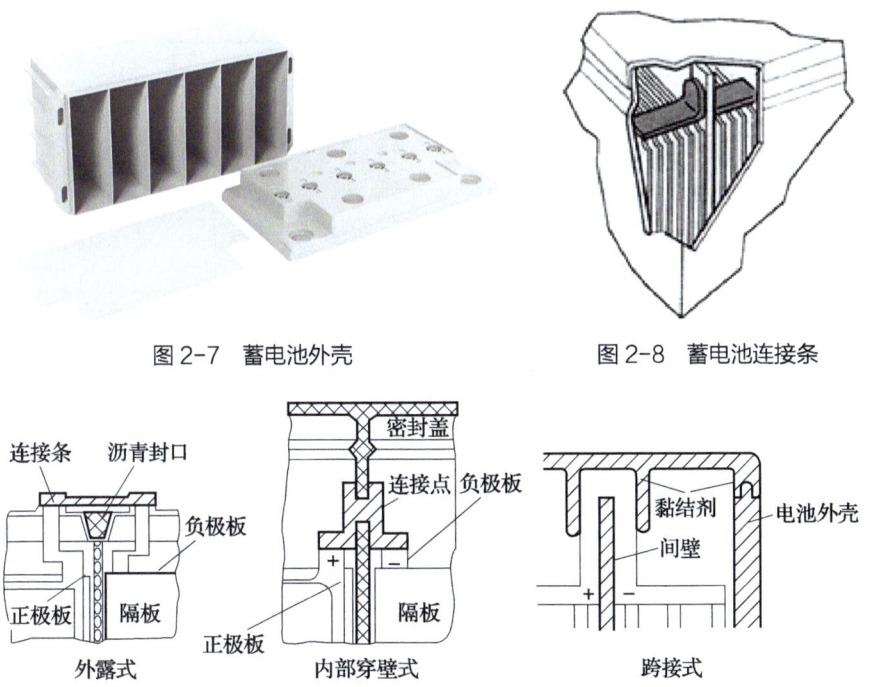

图 2-7　蓄电池外壳　　　　图 2-8　蓄电池连接条

图 2-9　蓄电池连接条连接方式

为减少蓄电池内阻和质量，现代蓄电池上采用单格电池直接连接条。各个单格电池的极板连接条通过单格电池间壁以最短的距离相互连接，这样可减少由于外部影响造成短路的危险。

（5）极柱

极柱的作用是将蓄电池的电压引出，第一个单格电池的正极板连接条与正极柱相连，最后一个单格电池的负极板连接条与负极柱相连。极柱有圆锥形、侧置式和 L 形等，如图 2-10 所示。为便于识别，极桩的上方或旁边标刻有"+"（或 P）、"-"（或 N）标记，或者在正极桩上涂红色油漆。

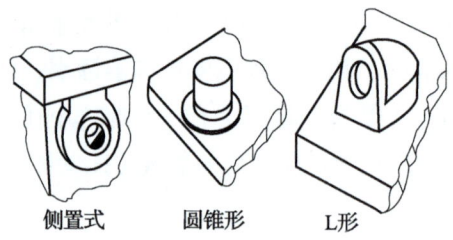

侧置式　　圆锥形　　L形

图 2-10　极柱

5. 部分蓄电池品牌

部分蓄电池品牌见表 2-2。

表 2-2　部分蓄电池品牌

序号	品牌	品牌标识	产地
1	瓦尔塔	VARTA THE BATTERY EXPERTS	美国
2	骆驼	骆驼	中国
3	风帆	CSIC 风帆股份 FENGFAN	中国
4	博世	BOSCH 博世汽车配件	德国
5	汤浅	YUASA	中国
6	纽福克斯	NFA	中国
7	善贝	善贝	中国
8	纽曼	纽曼 Newmine	中国
9	正统	正统 汽车启动蓄电池	中国

（续）

序号	品牌	品牌标识	产地
10	OPTIMA	OPTIMA BATTERIES THE ULTIMATE POWER SOURCE	美国

6. 汽车蓄电池的型号查看方法

国家标准蓄电池以型号为 6-QAW-54a 的蓄电池为例，说明如下：

1）6 表示由 6 个单格电池组成，每个单格电池电压为 2V，即额定电压为 12V。

微课视频
蓄电池型号识别

2）Q 表示蓄电池的用途。Q 为汽车起动用蓄电池，M 为摩托车用蓄电池，JC 为船舶用蓄电池，HK 为航空用蓄电池，D 表示电动车用蓄电池，F 表示阀控型蓄电池。

3）A 和 W 表示蓄电池的类型，A 表示干荷型蓄电池，W 表示免维护型蓄电池，若不标表示普通型蓄电池。

4）54 表示蓄电池的额定容量为 54A·h（充足电的蓄电池，在常温以 20h 率放电电流放电 20h，蓄电池对外输出的电量）。

5）角标 a 表示对原产品的第一次改进，名称后加角标 b 表示第二次改进，以此类推。

> **注意**：①型号后加 D 表示低温起动性能好，如 6-QA-110D。②型号后加 HD 表示高抗振性。③型号后加 DF 表示低温反装，如 6-QA-165DF。

五、实践任务

能根据需求不同正确选择蓄电池。

六、实践计划

1. 分小组

组长：负责操作设计及规范操作，协助总结记录员完成总结报告。

主操作手：负责主要操作。

副操作手：负责协助主操作手并读取数据。

数据记录员：负责对数据进行记录。

数据核对员：负责将实测数据与理论数据进行对比。

总结记录员：负责汇总形成报告。

小组成员分工及故障分析
成员分工
项目分析

2. 实施计划

1）识别蓄电池结构。

2）认识蓄电池品牌。

3）识别蓄电池型号。

七、实践实施

实训数据记录					
姓名			班级		
学号			指导教师		
组员					
汽车 VIN 码					
汽车品牌		汽车车型		汽车年代	
工具选择					
数据记录及结果分析					

八、实践反思

自评、互评、教师点评表

姓名		班级		学号		指导教师		组别	
评分项目		评分内容		分值		个人评分		小组评分	教师评分
工具、场地准备		场地干净整洁,符合作业要求		5					
工具、场地准备		通用及专用工具准备齐全、正确		5					
专业知识学习		学习态度端正,认真积极		5					
工具、设备选择与使用		检测与维修工具、设备选择正确、合适		5					
工具、设备选择与使用		工具、设备使用正确,操作规范		10					
操作实施		按照要求实施操作		25					
操作实施		操作正确、有序		10					
操作实施		零部件拆装无破损		5					
总结报告		数据记录完整,符合实际情况		5					
总结报告		实训报告客观、务实		5					
团队协作能力		小组成员分工明确		5					
团队协作能力		团队协作,共同完成实训操作		5					
安全		安全操作,未出现人身危险情况		5					
安全		工具、设备使用安全,未损坏		5					
总分				100					

组长: 日期:

九、思考题

1）蓄电池由哪几部分组成？

2）蓄电池常见品牌有哪些？

3）简述 6-QAW-54a 各牌号的含义。

小知识：蓄电池十大品牌，中国占据其中七席，中国成为蓄电池行业积极进取的参与者，也是相关技术的核心推动者。

任务 2　蓄电池工作原理及日常维护

一、任务目标

1）了解蓄电池工作原理。
2）能对蓄电池进行正常维护。
3）能对蓄电池进行充放电。

二、任务内容

能对蓄电池进行正确的日常维护。

三、安全注意事项

注意个人及设备安全，规范操作。

四、知识提要

1. 蓄电池的功用

1）起动发动机时，给起动机供电。
2）当发电机过载时，可以协助发电机向用电设备供电。
3）当发电机不发电或电压较低时，向用电设备供电。
4）当发电机端电压高于铅蓄电池的电压时，将一部分电能转化为化学能储存起来，也就是进行充电。

2. 蓄电池的工作原理

蓄电池的工作原理就是化学能和电能的相互转化。它分为充电和放电两个过程，如图 2-11 所示。

当铅蓄电池接通外电路负载放电时，正极板上的二氧化铅（PbO_2）和负极板上的铅（Pb）都变成了硫酸铅（$PbSO_4$），电解液中的硫酸变成了稀硫酸。

充电时，极板上的 $PbSO_4$ 分别恢复成原来的 PbO_2 和 Pb，电解液中的稀硫酸变成了硫酸。

蓄电池的化学反应方程式为：

$$PbO_2 + 2H_2SO_4 + Pb \underset{\text{充电}}{\overset{\text{放电}}{\rightleftharpoons}} 2PbSO_4 + 2H_2O$$

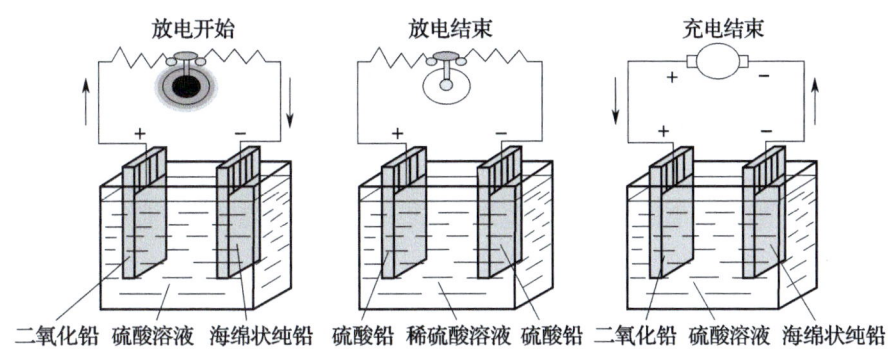

图 2-11 蓄电池工作原理

当铅蓄电池的正、负极板浸入电解液中时，在正、负极板间就会产生约 2.1V 的静止电动势。此时若接入负载，在电动势的作用下，电流就会从蓄电池的正极经外电路流向蓄电池的负极，这一过程称为放电，蓄电池的放电过程是化学能转变为电能的过程。充电时，蓄电池的正、负极分别与直流电源的正、负极相连，当充电电源的端电压高于蓄电池的电动势时，在电场的作用下，电流从蓄电池的正极流入，负极流出，这一过程称为充电。蓄电池充电过程是电能转换为化学能的过程。

3. 蓄电池的工作特性

蓄电池的工作特性包括蓄电池内阻、单格电池额定电压、充电电压、放电特性和充电特性。

（1）蓄电池内阻

反映了它的负载能力。在条件相同时，内阻越小，输出电流越大，负载能力越强。蓄电池的内阻 R_i 主要由极板电阻 R_{i1}、隔板电阻 R_{i2}、电解液电阻 R_{i3} 和连接条电阻 R_{i4} 组成，即 $R_i=R_{i1}+R_{i2}+R_{i3}+R_{i4}$。

（2）单格电池额定电压

单格电池额定电压为 2V，整个蓄电池额定电压为单格电池额定电压与串联的单格电池数的乘积。24V 汽车电系的电压，可由 2 个 12V 蓄电池串联而得到。

（3）充电电压

又叫起始电压，即高于此电压时，蓄电池的水分解为氢气和氧气，而明显地冒气泡。不同蓄电池的充电电压有所不同，12V 蓄电池一般应限制在 14.1~14.7V，免维护蓄电池的充电电压一般应限制在 13.8~14.1V，如图 2-12 所示。

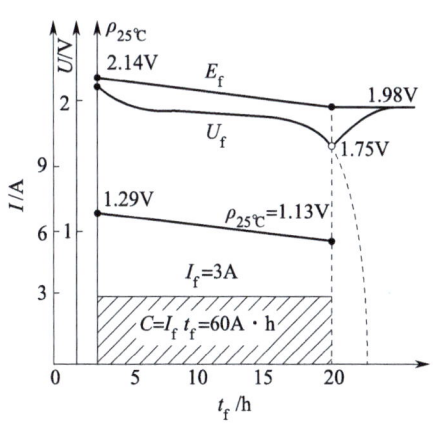

图 2-12 蓄电池充电特性图

（4）蓄电池的放电特性

是指恒流放电过程中，蓄电池的端电压 U_f 和电解液密度 $\rho_{25℃}$ 随时间 t_f 而变化的规律。

将一个完全充足电的蓄电池以 20h 放电率的电流进行恒流放电，在放电过程中，每隔一定时间，测量其单格电池的端电压和 U_f 和电解液密度 $\rho_{25℃}$，便可得到其放电特性曲线，如图 2-13 所示。

开始放电阶段，由于极板孔隙内硫酸迅速消耗，电解液密度迅速下降，浓差极化增大，端电压由 2.14V 迅速下降至 2.1V；当极板孔隙外向孔隙内扩散的硫酸与孔隙内消耗的硫酸达到动态平衡时，孔内外电解液密度一起缓慢下降，所以端电压缓慢下降至 1.85V；随着放电的继续，当放电接近终了时，电化学极化、浓差极化、欧姆极化显著增大，端电压由 1.85V 迅速下降至 1.75V，此时应停止放电。如果此时继续放电（过度放电），会在孔隙中生成粗结晶的 $PbSO_4$，而使极板损坏，蓄电池容量下降，故应尽量避免。当停止放电后，源于极板孔隙中的电解液和壳体内的电解液相互渗透趋于平衡，而使端电压有所回升。

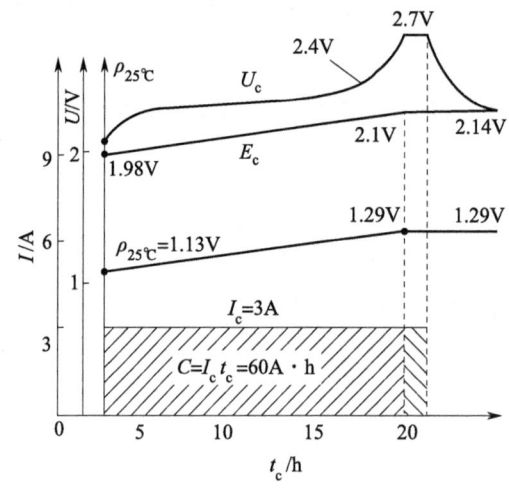

图 2-13　蓄电池放电特性图

（5）蓄电池的充电特性

是指在恒流充电过程中，蓄电池的端电压 U_c 和电解液密度 $\rho_{25℃}$ 随时间 t_c 而变化的规律。

以一定的充电电流 I_c 给一个完全放完电的蓄电池充电，在充电过程中，每隔一定时间，测量其单格电池的端电压和 U_f 和电解液密度 $\rho_{25℃}$，便可得到其充电特性曲线，从充电特性曲线可以看出：充电时，电解液密度 $\rho_{25℃}$ 按直线规律上升。这是因为恒流充电，电流值一定，故化学反应速度一定，单位时间内生成的硫酸量一定。

开始充电时，极板孔隙内迅速生成硫酸，浓差极化增大，端电压迅速上升；随着充电的进行，孔隙内生成的硫酸向孔隙外扩散，当硫酸生成的速度与扩散速度达到平衡时，端电压随电解液密度变化而缓慢上升至 2.4V；充电末期，端电压迅速上升到 2.7V 左右，且维持 2~3h 不变，电解液呈沸腾状态。

当充电接近终了时，$PbSO_4$ 已基本还原成 PbO_2 和 Pb，这时，过剩的充电电流将电解水，使正极板附近产生 O_2 从电解液中逸出，负极板附近产生 H_2 从电解液中逸出，电解液液面高度降低。因此，铅蓄电池在使用过程中需要定期补充蒸馏水。

蓄电池充电终了的特征是：

1）蓄电池产生大量气泡，即所谓沸腾。

2）端电压和电解液密度均上升至最大值，且 2~3h 内不再增加。

蓄电池的容量 C 是指在规定的放电条件下（一定的放电电流、一定的终止电压和一定的电解液温度下），完全充足电的蓄电池所能够输出的电量。它是标注蓄电池对外放电能力、衡量蓄电池质量的优劣以及选用蓄电池的重要指标。

4. 充电方法

蓄电池的充电必须根据不同的情况选择恰当的方法，并且正确地使用充电设备，以提高工作效率，并延长充电设备和蓄电池的寿命。通常蓄电池的充电方法有如下 3 种：

（1）恒流充电

是指在充电过程中，充电电流保持不变（通过调整电压，保证电流不变）的充电方法。它广泛用于初充电、补充充电和去硫化充电等。

恒流充电的适应性强，可任意选择和调整充电电流的大小，有利于保持蓄电池的技术性能和延长使用寿命，其缺点是充电时间长，要经常调节充电电流。

（2）恒压充电

是指在充电过程中，充电电压保持恒定不变的充电方法，它是蓄电池在汽车上由发电机对其充电的方法。

（3）脉冲快速充电

脉冲快速充电的过程是：先用 0.8~1 倍额定容量的大电流进行恒流充电，使蓄电池在短时间内充至额定容量的 50%~60%，当单个电池电压升至 2.4V，开始冒气泡时，由充电机的控制电路自动控制，开始脉冲快速充电，首先停止充电 25ms（称为前停充），然后再放电或反向充电，使蓄电池反向通过一个较大的脉冲电流（脉冲深度一般为充电电流的 1.5~3 倍，脉冲宽度为 150~1000μs），然后再停止充电 40ms（称为后停充），而后按照正脉冲充电→前停充→负脉冲瞬间放电→后停充→正脉冲充电……循环进行，直至充足电为止。

脉冲快速充电的优点是充电时间可大幅缩短（新蓄电池充电仅需 5h，补充充电需

1h）。但对蓄电池的寿命有一定的影响，并且脉冲快速充电机结构复杂，价格昂贵，故适用于电池集中、充电频繁、要求应急的场合。

5. 蓄电池的正确使用与维护

（1）三抓

1）抓及时、正确充电。放完电的蓄电池 24h 内送充电间；装车使用的电池应定期补充充电，放电程度，冬季不超过 25%，夏季不超过 50%；带电解液存放的蓄电池应定期补充充电。

2）抓正确使用操作。每次起动时间不超过 5s，起动间隔时间 15s，最多连续起动 3 次；车上蓄电池应固定牢靠，安装搬运时应轻拿轻放。

3）抓清洁保养。保持蓄电池表面清洁；及时清除蓄电池表面的酸液；经常疏通通气孔。

（2）五防

防止过充和充电电流过大、防止过度放电、防止电解液液面过低、防止电解液密度过大、防止电解液内混入杂质。

6. 冬季使用蓄电池时的注意事项

1）应特别注意保持其处于充足电状态，以防结冰。

2）冬季补加蒸馏水应在充电时进行，以防结冰。

3）冬季容量降低，发动机起动前应进行预热，每次起动时间不超过 5s，每次起动间隔应有 15s。

4）冬季气温低，蓄电池充电困难，应经常检查蓄电池存电状况。

7. 蓄电池的拆装注意事项

1）拆装、移动蓄电池时，应轻拿轻放，严禁在地上拖拽。

2）蓄电池型号和车型应相符，电解液密度和高度应符合规定。

3）安装时，蓄电池固定在托架上，塞好防振垫。

4）极桩涂上凡士林或润滑油，防腐防锈。极桩卡子与极桩要接触良好。

5）蓄电池搭铁极性必须与发电机一致。

6）接线时先接正极后接负极，拆线时相反，以防金属工具搭铁，造成蓄电池短路。

8. 帮线方法

1）确认没电的蓄电池和负责救援的蓄电池有相同电压。汽车蓄电池通常为 12V。货车或拖拉机则可能依靠 24V 的系统运作，有时候则是两个 12V 的蓄电池结合成 24V 的系统。切勿将 12V 的蓄电池连接到 24V 的蓄电池，如图 2-14 所示。

微课视频
蓄电池帮线方法

2）摆好车辆以便两个汽车蓄电池足够靠近，以方便跨接电缆互相连接。确保两辆汽车并无触碰，如图 2-15 所示。

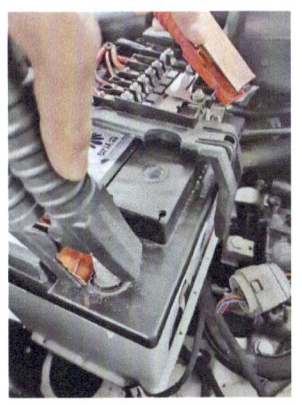

图 2-14　检查蓄电池标准电压

图 2-15　保证车辆距离

3）关掉两辆车的发动机。打开每辆车的发动机舱盖，如图 2-16 所示。

4）关闭两辆车的前照灯、刮水器、收音机和所有配件。拔掉任何插入点烟器充电的东西。它们浪费电力，而且可能被激增的电涌破坏，如图 2-17 所示。

图 2-16　关闭发动机

图 2-17　关闭汽车电器

5）解开跨接电缆。电缆夹口被设计用于夹着蓄电池夹的柔软金属部位，而蓄电池夹则连接到蓄电池极柱。切勿将负极连接到正极，所以勿以串联方式连接电缆。此举可能会损坏电子设备，如图 2-18 所示。

6）目视检查两个蓄电池是否有裂痕、渗漏及损坏。如果有以上任何一个问题，请停止跨接。联络拖车，切勿尝试跨接汽车，甚至切勿连接电缆。

图 2-18　解开跨接电缆

7）先将红色夹子连接到没电蓄电池的正极（+）极柱。然后再把红色夹子另一端连接到状态良好的蓄电池正极（+）极柱，如图2-19所示。

8）将黑色夹子连接到状态良好的蓄电池负极（-）接线柱，如图2-20所示。

 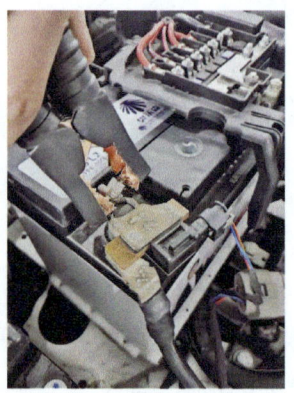

图2-19　连接跨接电缆正极　　　　图2-20　连接跨接电缆负极

9）将仅剩的夹子（没电蓄电池的黑色夹子）连接到没电汽车上的坚固搭铁金属（最好是干净且未涂漆）。避免将此夹子连接到没电蓄电池的负极接线柱，只在没有办法之下才这么做，如图2-21所示。

10）起动蓄电池正常的车辆，以便它能同时为自己的蓄电池以及缺电的蓄电池充电，如图2-22所示。

图2-21　连接没电车辆接线柱　　　　图2-22　起动正常汽车

11）保持怠速约5min才发动另一辆车（没电的）。切勿快速空转发动机。尝试起动没电的车辆。如果无法发动，请再等待5min，让蓄电池能充更多电，之后再次尝试。重复此步骤直到你能够发动之前没电的车辆，如图2-23所示。

12）按照与连接电缆相反的次序拔掉车辆上的跨接电缆，先拔掉负极夹子（连接搭铁金属的夹子），然后再拔掉正极夹子，如图2-24所示。

13）让刚才没电的汽车发动机以稍微高于怠速的速度运作至少20min，以给蓄电池充电，如图2-25所示。

图 2-23　起动没电车辆　　　图 2-24　取下跨接电缆　　　图 2-25　蓄电池充电

五、实践任务

对蓄电池进行正确的充放电操作。

六、实践计划

1. 分小组

组长：负责操作设计及规范操作，协助总结记录员完成总结报告。

主操作手：负责主要操作。

副操作手：负责协助主操作手并读取数据。

数据记录员：负责对数据进行记录。

数据核对员：负责将实测数据与理论数据进行对比。

总结记录员：负责汇总形成报告。

小组成员分工及故障分析
成员分工
项目分析

2. 实施计划

1）识别蓄电池结构。
2）蓄电池如何进行维护。
3）选择合适的工具。
4）对蓄电池进行充电。
5）对蓄电池进行帮线。

七、实践实施

实训数据记录					
姓名		班级			
学号		指导教师			
组员					
汽车 VIN 码					
汽车品牌		汽车车型		汽车年代	
工具选择					
数据记录及结果分析					

八、实践反思

自评、互评、教师点评表

姓名		班级		学号		指导教师		组别	
评分项目		评分内容		分值		个人评分	小组评分	教师评分	
工具、场地准备		场地干净整洁，符合作业要求		5					
工具、场地准备		通用及专用工具准备齐全、正确		5					
专业知识学习		学习态度端正，认真积极		5					
工具、设备选择与使用		检测与维修工具、设备选择正确、合适		5					
工具、设备选择与使用		工具、设备使用正确，操作规范		10					
操作实施		按照要求实施操作		25					
操作实施		操作正确、有序		10					
操作实施		零部件拆装无破损		5					
总结报告		数据记录完整，符合实际情况		5					
总结报告		实训报告客观、务实		5					
团队协作能力		小组成员分工明确		5					
团队协作能力		团队协作，共同完成实训操作		5					
安全		安全操作，未出现人身危险情况		5					
安全		工具、设备使用安全，未损坏		5					
总分				100					

组长：　　　　　　　　　　　　日期：

九、思考题

1）蓄电池具有什么功用？

2）简述蓄电池的充放电原理公式？

3）简述蓄电池的连线流程。

小知识： 电动汽车的 10 大电池制造商中有 6 家是中国公司，中国在全球动力电池市场占比超过 60%。

任务 3　发电机结构原理及检修

一、任务目标

1）了解发电机结构。
2）掌握发电机工作原理。
3）能对发电机进行工作检修。

二、任务内容

能对发电机进行检修。

三、安全注意事项

注意个人及设备安全，规范操作。

四、知识提要

1. 发电机的结构

汽车电源系统主要由蓄电池、发电机、电压调节器和充电状态指示装置组成，如图 2-26 所示。当发动机运行时，发电机为汽车上的点火、燃油喷射系统、照明、ECU 等用电设备提供电能。

早期使用的汽车用发电机是直流发电机，它是配合汽车上的常规铅酸蓄电池使用的。在很长的一段时间内，它能满足汽车的需要，一直到 20 世纪 70 年代中期，随着汽车电子技术的发展和用电设备的增多，才逐渐为交流发电机所取代。

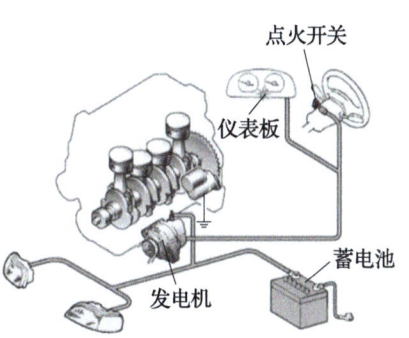

图 2-26　汽车电源系统

交流发电机具有体积小、重量轻、结构简单、维护方便、使用寿命长和低速充电性能好等优点。

在电源系统中设有电压调节器，它的目的是满足汽车电气设备用电及向蓄电池恒定电压充电；充电状态指示装置用于指示汽车电源系统的工作情况。

2. 交流发电机的功用与要求

（1）交流发电机的功用

交流发电机的功用是当发动机所需电压高于蓄电池电压时，能及时向蓄电池充电，并向全车除发动机外的所有用电设备直接供电。发电机是汽车上的主要电源，它与蓄电池并联，由汽车发动机驱动。

（2）对交流发电机的要求

汽车发电机的形式和结构取决于车辆电气设备和蓄电池充电所需的电能，它必须能够满足以下要求，以保证能给蓄电池充电和为汽车上用电设备供应电能。

1）所有连接的负载要用直流电。

2）即使全部的永久性负载都接通，也需要有足够电力为蓄电池快速充电，并维持充电状态。

3）要尽量在发电机的某个转速范围内保持输出电压恒定。

4）质量要轻、结构紧凑、噪声低、效率高、寿命长。

5）发电机要保持牢固，能承受外来的如振动、高温、剧烈温度变化、污垢、潮湿等的各种不利条件。

3. 发电机的工作原理

交流发电机是利用电磁感应原理产生交流电的。电磁感应是产生电的基础。其原理如下：当一段导体切割直流电磁场的磁力线时，导体内就感应出电动势，或者磁场静止而导体运动，或者磁场旋转而导体转动。其产生的感应电动势方向可用右手定则判断。若将导体的两端连接到电压表上，则可在电压表上反映出导体和磁极不断变化的关系。经实验可得出：如果将一个由导体制成的线圈在一个磁场中均匀转动，线圈内感应出的电动势是呈正弦规律变化的。

4. 普通交流发电机的结构与工作原理

普通硅整流发电机主要由三相同步交流发电机和 6 只二极管组成的三相桥式全波整流器两大部分组成；主要有转子、定子、整流器、前后端盖、风扇、带轮等部件，如图 2-27 所示。

（1）主要组成部件结构

1）转子总成。转子的功用是产生磁场。主要由两块爪极、磁场绕组、转子轴和集电环等组成。

转子轴上压装着两块爪极，两块爪极各有 6 个由低碳钢制成的磁极，空腔内装有磁轭（也叫铁心），用于导磁。磁轭上绕有磁场绕组（又称转子线圈），阻值为 4~6Ω，磁场绕组的两根引线分别焊在与转子轴绝缘的两个集电环上。滑环由两个彼此绝缘的集电环组成，它与两装在后端盖上的两个电刷相接触，两个电刷通过引线分别接在两

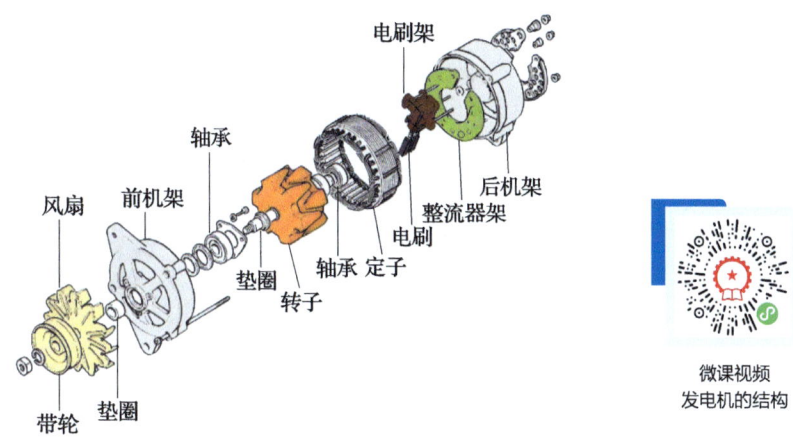

图 2-27 汽车用交流发电机结构

个螺钉接线柱，即"F"和"-"上。

当两个集电环通入直流电时（通过电刷），磁场绕组中就有电流通过，并产生轴向磁通，使得爪极一块被磁化为 N 极，另一块被磁化为 S 极，从而形成 6 对相互交错的磁极。当转子转动时，就形成了旋转的磁场。

交流发电机的磁路为：磁轭→N 极→转子与定子之间的气隙→定子→定子与转子间的气隙→S 极→磁轭，如图 2-28 所示。

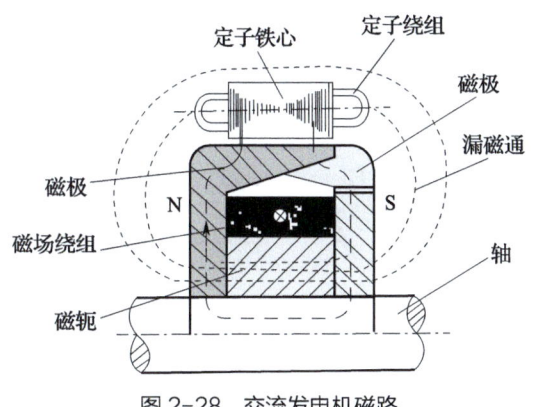

图 2-28 交流发电机磁路

无刷发电机磁场绕组阻值约为 3~4Ω，结构简单、维护方便、工作可靠。但爪极间的连接工艺困难，励磁电流大。

2）定子总成。定子也叫电枢，它的功用是产生感应电动势。主要由定子铁心和定子绕组组成，如图 2-29 所示。

定子铁心由内圈带槽的硅钢片叠成，定子绕组的导线就嵌放在定子铁心的槽中。

定子绕组为三相绕组，采用星形接法（Y 形）或三角形（△）接法，都能产生三相交流电，如图 2-30 所示。

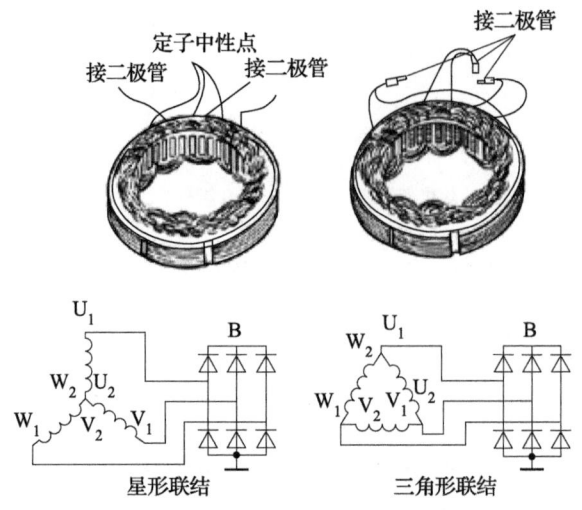

图 2-29 交流发电机定子

三相绕组必须按一定要求绕制,才能使之获得频率相同、幅值相等、相位互差 120° 的三相发电机。

3）整流器。交流发电机整流器的作用是将定子绕组产生的三相交流电整流成为直流电。整流器由 6 只硅整流二极管组成三相全波桥式整流电路,6 只整流管分别压装（或焊装）在两块整流板上,如图 2-31 所示。

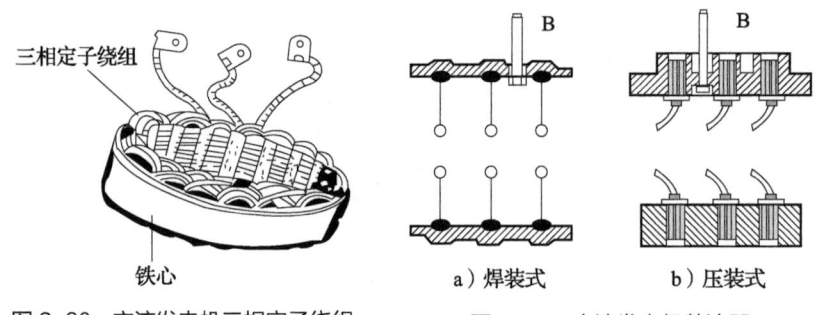

图 2-30 交流发电机三相定子绕组　　图 2-31 交流发电机整流器

硅整流器只有一根输出引线,有正二极管和负二极管之分。引出线为正极的管子叫正极管,引出线为负极的管子叫负极管。

整流板有正负极之分。将三只正极管安装在一块铝制散热板上,称为正整流板；将三只负极管安装在另一块铝制散热板上,称为负整流板,也可用发电机后盖代替负整流板。在整流板上有一个输出接线柱 B（发电机的输出端）。负整流板上直接搭铁,负整流板一定要和壳体相连接。

整流板的形状各异,有马蹄形、长方形、半圆形等。

4）前后端盖和电刷总成。端盖一般分为前端盖和后端盖两部分,起固定转子、定子、整流器和电刷组件的作用。端盖一般用铝合金铸造,一是可有效地防止漏磁,二是铝合金散热性能好,而且能够减轻发电机的重量。

前端盖铸有支脚、调整臂和出风口。后端盖上铸有支脚和进风口,而且还装有电刷总成。

电刷总成由电刷、电刷架和电刷弹簧组成。电刷的作用是将电源通过集电环引入磁场绕组,由石墨制成。电刷架内装电刷和弹簧,利用弹簧的弹力使电刷与集电环紧密接触,多采用酚醛玻璃纤维塑料模压而成或用玻璃纤维增强尼龙制成。

发电机的电刷总成有内装式和外装式之分,如图 2-32 所示。内装式是将电刷架安装在后端盖内部,故如果电刷损坏,必须解体发电机,现已逐渐被淘汰;外装式电刷架用螺钉安装在后端盖壳体外表上,检修和更换方便。

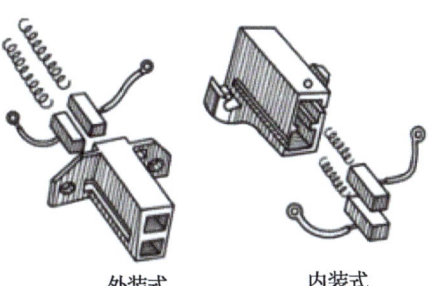

图 2-32 交流发电机电刷总成

5)带轮。带轮通常用铸铁或铝合金制成,也有用薄钢板卷压而成的,分为单槽、双槽和多楔形槽 3 种,利用半圆键装在风扇外侧的转轴上,再用弹簧垫片和螺母紧固。

6)风扇。为保证发电机在工作时不致因温度过高而损坏,在发电机上装有风扇,用以散热。发电机均在后端盖上有进风口,在前端盖上有出风口,当发电机旋转时,风扇也一起旋转,使空气高速流经发电机内部对发电机进行强制冷却。风扇一般用钢板冲制而成或用铝合金压铸而成。发电机上一般装有一个或两个风扇,如图 2-33 所示。

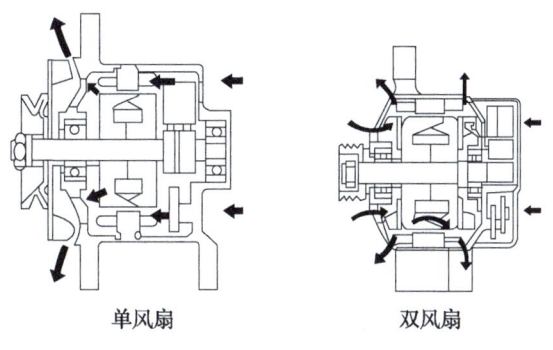

图 2-33 交流发电机风扇

对于只有一个风扇的发电机,其风扇均装在前端盖和带轮之间。对于有两个风扇的发电机,其安装形式有两种:一种是在前后端盖内的转子爪极两侧各焊接一个;另一种是在前端盖和带轮之间安装一个风扇,另一个安装在后端盖和转子爪极之间。

(2)交流发电机工作原理

交流发电机定子的三相绕组按一定规律分布在发电机的定子槽中,内部有一个转子，转子上安装着负极和磁场绕组。当外电路通过电刷使磁场绕组通电时，便产生磁场，使爪极被磁化为 N 极和 S 极。当转子旋转时，磁通交替地在定子绕组中变化。根据电磁感应原理可知，定子的三相绕组中便产生交变的感应电动势，而后经整流器整流为直流电输出，这就是交流发电机的工作原理，如图 2-34 所示。

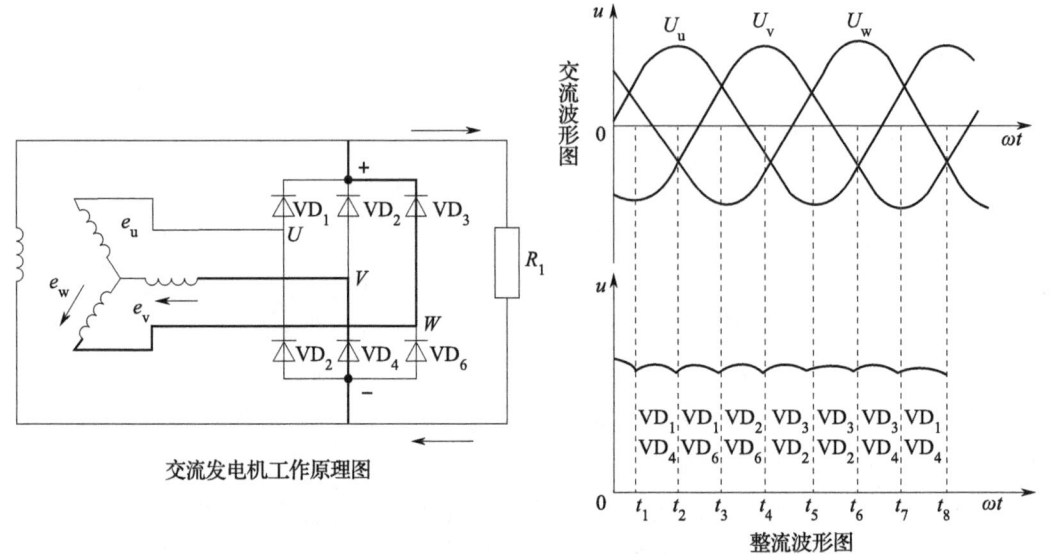

图 2-34 交流发电机工作原理

由于三相绕组在定子槽中是对称绕制的，因此三相交流电动势大小相等、相位差互为 120° 角度，其瞬时值为：

$$e_u = E_m \sin \omega t = \sqrt{2}\ E \sin \omega t$$

$$e_v = E_m \sin\left(\omega t - \frac{2\pi}{3}\right) = \sqrt{2}\ E \sin\left(\omega t - \frac{2\pi}{3}\right)$$

$$e_w = E_m \sin\left(\omega t + \frac{2\pi}{3}\right) = \sqrt{2}\ E \sin\left(\omega t + \frac{2\pi}{3}\right)$$

式中，E_m 是每相电动势的最大值，单位是 V；ω 是电角速度，单位是 rad/s，$\omega = 2\pi f$；f 是交流电动势的频率（为转速的函数），单位是 Hz。

定子每相电动势的有效值为：

$$E_\phi = E_m / \sqrt{2} = 4.44 K f N \phi = 4.44 K \frac{pn}{60\phi} = C_e \phi n$$

式中，E_ϕ 是每相电动势的有效值；K 是绕组系数（和发电机定子绕组的绕线方法有关，若采用整距集中绕制时 $K=1$）；N 是每相匝数（匝）；ϕ 是每极磁通，单位是 Wb；p 是磁极对数；n 是发电机转速，单位是 r/min；C_e 是电机结构常数。

由此可见，交流电动势的幅值是发电机转速的函数。因此，当转速 n 变化时，三相电动势的波形为变频率、变幅值的交流波形。

（3）整流原理

交流发电机是利用二极管的单向导电性把交流电转变为直流电的。普通交流发电机是用 6 只二极管组成的三相桥式整流电路，把定子绕组中感应出来的交流电转变为直流电的。

1）二极管的导通原则。当给二极管加上正向电压时，二极管导通，当给二极管加上反向电压时，二极管截止，二极管的导通原则如下：

当 3 只二极管负极端相连时，正极端电位最高者导通；当 3 只二极管正极端相连时，负极端电位最低者导通，如图 2-35 所示。

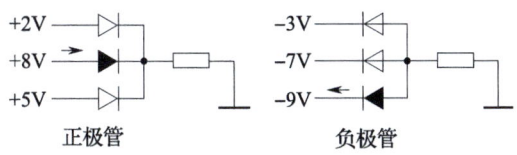

图 2-35　交流发电机整流原理

2）整流过程分析。由上述二极管导通原则可知，当发电机正常工作时，3 个正极管 VD_1、VD_3、VD_5，在某瞬时，电压最高的正极管导通；3 个负极管 VD_2、VD_4、VD_6，在某瞬时，电压最低的负极管导通。

由于发电机的三相绕组是对称安装的，故同时导通的二极管总是两个，即正、负二极管各一个。具体分析如下：

在 $0\sim t_1$ 时间内，U_w 最高，U_v 最低，VD_3 和 VD_4 都处于正向电压导通状态，电流回路为：最高电位点 W → VD_3 →发电机 "+" →负载 R_L → VD_4 →最低电位点 V，于是在负载 R_L 上得到的电压为 U_{wv}，其方向为上 "+" 下 "-"。

在 $t_1\sim t_2$ 时间内，U_u 最高，U_v 最低，VD_1 和 VD_4 都处于正向电压导通状态，电流回路为：最高电位点 U → VD_1 →发电机 "+" →负载 R_L → VD_4 →最低电位点 V，于是在负载 R_L 上得到的电压为 U_{uv}，其方向为上 "+" 下 "-"。

在 $t_2\sim t_3$ 时间内，U_u 最高，U_w 最低，VD_1 和 VD_6 都处于正向电压导通状态，电流回路为：最高电位点 U → VD_1 →发电机 "+" →负载 R_L → VD_6 →最低电位点 W，于是在负载 R_L 上得到的电压为 U_{uw}，其方向为上 "+" 下 "-"。

在 $t_3\sim t_4$ 时间内，VD_3 和 VD_6 导通，$t_4\sim t_5$ 时间内，VD_2 和 VD_3 导通，$t_5\sim t_6$ 时间内，VD_2 和 VD_3 导通，以此类推，6 只二极管两两轮流导通，使得负载 RL 两端得到一个比较平稳的脉动直流电压。

3）发电机输出的直流电压平均值为：$U=1.35U_L=2.34U_\Phi$

流经每只二极管的电流为：$I_D=I_L/3$

4）中性端电压。有的发电机具有中性点接线柱，如图 2-36 所示，它是从三相绕组的中性点引出来的，标记为"N"。输出电压为 U_N，称为中性点电压。

中性点电压的瞬时值是一个三次谐波电压，理论上中性点电压的平均值为发电机输出电压（平均值）的一半，即：$U_N=U_B/2$。

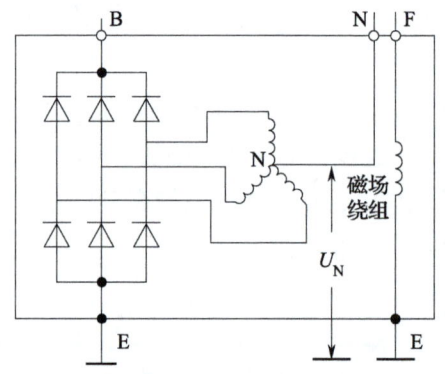

图 2-36　交流发电机电压

但实际上，随转速的变化，它们之间的关系也在变，如图 2-37 所示。带有中性点接线柱的发电机可用中性点电压来控制各种用途的继电器。有的发电机没有中性点接线柱，但是也把中性点电压充分地利用了，这些发电机在中性点处接上两只整流二极管，和三相绕组的 6 只整流二极管一起输出，可提高发电机功率。

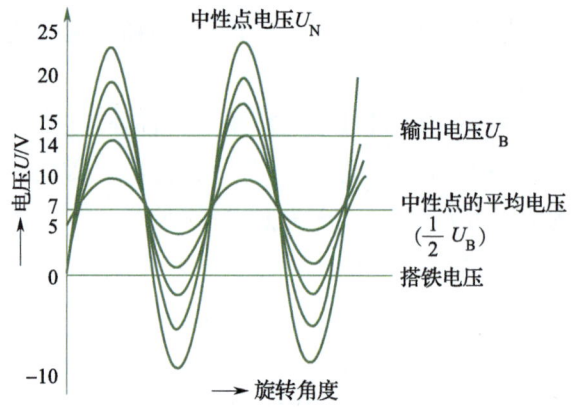

图 2-37　交流发电机电压随转速的变化关系

5. 励磁方式

除了永磁式交流发电机不需要励磁外，其他形式的交流发电机都需要励磁，因为它们的磁场都是电磁场，也就是说必须给磁场绕组通电才会有磁场产生。所谓励磁，即将电源引入磁场绕组，使之产生磁场。交流发电机的励磁有两种方式：自励和他励。

在发动机起动期间，需要蓄电池供给发电机磁场电流生磁使发电机发电。这种供给磁场电流的方式称为他励发电。当发电机有能力对外供电时，就可以把自身发的电供给磁场绕组生磁发电,这种供给磁场电流的方式称为自励发电。

6. 交流发电机的种类

(1) 按交流发电机的总体结构分类

1) 普通交流发电机：使用时需要配装电压调节器的发电机。如 JF132（EQ140、EQ1090 用）。

2) 整体式交流发电机：发电机和调节器制成一个整体的发电机。例如一汽奥迪、上海桑塔纳车用的 JFZ1813Z 型发电机；别克轿车的发动机上装配的是 CS 型发电机（包括 CS-121、CS-130 和 CS-144 三种不同的型号）。

3) 带泵交流发电机：和汽车传动系统采用真空助力泵安装在一起的发电机，多用于柴油机。如 JFZB292 发电机。

4) 无刷交流发电机：无电刷和集电环的发电机。如 JFW1913 型发电机。

5) 永磁交流发电机：转子磁极用永磁体制成的发电机。

(2) 按整流器结构分类

1) 六管发电机：整流器由 6 只二极管组成。如东风汽车用的 JF1522 型发电机。CA1091 用的 JF1522A、JF152D 型发电机。

2) 八管发电机：整流器由 6 只二极管和 2 只中性点二极管组成。例如天津夏利汽车用的 JFZ1542 型发电机。

3) 九管发电机：整流器由 6 只二极管和 3 只磁场二极管组成。如日本日产、三菱、马自达等汽车用发电机。

4) 十一管交流发电机：整流器由 6 只二极管、2 只中性点二极管和 3 只磁场二极管组成。如奥迪、桑塔纳汽车用的 JFZ1913Z 型发电机。

(3) 按磁场绕组的搭铁形式分

按磁场绕组（两只电刷引线）和发电机的连接不同,把发电机分为内搭铁型和外搭铁型两种,如图 2-38 所示。

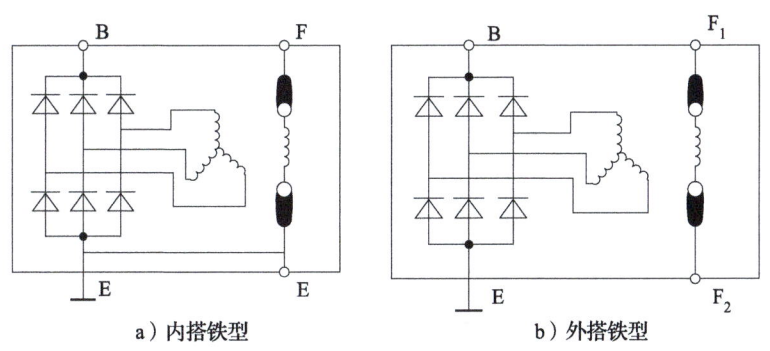

a) 内搭铁型　　b) 外搭铁型

图 2-38　交流发电机磁场绕组

1）内搭铁型发电机。磁场绕组直接在发电机内部与壳体直接相连而搭铁，即两只电刷的引线一根与后端盖上的磁场接线柱"F"相连，另一根直接与发电机外壳上搭铁接线柱"-"相连，如东风汽车用的JF132型发电机。

2）外搭铁型发电机。磁场绕组的两只电刷都和壳体绝缘的发电机，而是通过调节器搭铁，即两电刷的接线柱均与发电机外壳绝缘，分别用"F_1"和"F_2"表示，如解放CA1091型车用的JF152D型发电机。

（4）按冷却方式分为两类

1）风冷式交流发电机：采用冷却风扇用空气加以冷却无新鲜空气吸入气管的冷却，有新鲜空气吸入气管的冷却。

2）水冷式交流发电机：采用冷却液作为冷却介质进行冷却。

7. 交流发电机的型号

根据行业标准QC/T73—1993《汽车电器设备产品型号编制方法》的规定，发电机的型号由五部分组成：

1）产品代号。主要有4种：JF，交流发电机；JFZ，整体式交流发电机；JFB，带泵型交流发电机；JFW，无刷交流发电机。

2）分类代号。是电压等级代号，"1"发电机标称电压为12V；"2"发电机标称电压为24V。

3）分组代号。是功率等级代号，用一位阿拉伯数字表示，见表2-3。

表2-3 硅整流发电机的分组代号

产品名称	代号						
	1	2	3	5	7	8	9
交流发电机 整体式交流发电机 带泵型交流发电机 无刷交流发电机	180W	>180W ≤250W	>250W ≤350W	>350W ≤500W	>500W ≤750W	>750W ≤1000W	>1000W

4）设计序号。按产品设计先后顺序，由1~2位阿拉伯数字组成。

5）变形代号。以调整臂位置确定变形代号，从驱动端看，调整臂在中间位置不作标注，在右侧时用"Y"表示，在左侧时用"Z"表示。

由于交流发电机的转子是由发动机通过传动带驱动旋转的，且发动机和交流发电机的速比为1.7~3，因此交流发电机转子的转速变化范围非常大，这样将引起发电机的输出电压发生较大变化，无法满足汽车用电设备的工作要求。为了满足用电设备恒定电压的要求，交流发电机必须配用电压调节器，使其输出电压在发动机所有工况下基本保持恒定。

8. 调节器的作用

电压调节器的作用是使交流发电机输出电压在发动机所有工况下基本保持恒定。

9. 调节器的基本工作原理

由交流发电机的工作原理我们知道，交流发电机的输出电压正比于交流发电机的感应电动势，即

$$U \propto E_\phi = C_e n \Phi \propto C_e n I_f$$

当转速升高时，E_ϕ 增大，输出端电压 U 升高，当转速升高到一定值时（空载转速以上），输出端电压达到极限，要想使发电机的输出电压 U 不再随转速的升高而上升，只能通过减小磁通 Φ 来实现。又磁极磁通 Φ 与励磁电流 I_f 成正比，减小磁通 Φ 也就是减小励磁电流 I_f。

所以，交流发电机调节器的工作原理是：当交流发电机的转速升高时，调节器通过减小发电机的励磁电流 I_f 来减小磁通 Φ，使发电机的输出电压 U 保持不变。

10. 调节器的种类

汽车发电机组的调节器种类繁多，型号各异，一般采用整体封装形式，不可拆卸，不能维修，只能整体更换。按其结构特点和工作原理可分为触点式（电磁振动式）电压调节器和电子式调节器。

触点式调节器是通过电磁力控制触点的开闭而改变磁场电路的电阻来调节励磁电流的，由于其有很多缺陷，随着汽车电子技术的迅速发展，目前已淘汰。

蓄电池、交流发电机及其调节器若使用与维护不当，不仅本身容易损坏而影响其正常使用，还容易影响汽车上的其他用电设备使用，甚至造成事故。因此，在日常的使用与维护中，应严格遵守相应规程。

11. 蓄电池使用与维护注意事项

1）蓄电池为负极搭铁，不能接错，否则将烧坏交流发电机的整流器，并且还会对无反接保护的汽车电气设备造成损害。

2）拆卸蓄电池时，应先拆下负极电缆，再拆正极电缆，安装时相反。

3）注意检查蓄电池的连接电缆的牢固性，否则将因电缆松动而造成发动机不能起动、起动困难；不充电或充电电流过小；或瞬时过电压，导致电子元件损坏，甚至引起火灾等故障。

12. 交流发电机与调节器的使用注意事项

交流发电机与调节器的结构简单，维护方便，若正确使用，不仅故障少而且寿命长；若使用不当，则会很快损坏。因此在使用和维护中应注意以下几点：

1）交流发电机和蓄电池的搭铁极性必须保持一致，否则，蓄电池将通过二极管放

电而烧坏发电机和调节器的电子元件。

2）发电机运转时，不能用试火的方法检查发电机是否发电，否则会烧坏二极管，可采用万用表法或试灯法进行检查。

3）整流器和定子绕组连接时，禁止用绝缘电阻表或220V交流电源检查发电机的绝缘情况，否则会损坏整流器。

4）发电机不发电或充电电流很小时，应及时排除故障，不宜长时间继续运转，否则可能烧坏整流器或定子绕组。

5）发电机与蓄电池之间的连接要牢靠，如突然断开，会产生过电压损坏发电机或调节器的电子元件。

6）一旦发现交流发电机或调节器有故障应立即检修，及时排除故障，不应再连续运转。

7）为交流发电机配用调节器时，必须配套：调节器的电压等级必须与交流发电机电压等级相同；调节器的搭铁类型必须与交流发电机的搭铁类型相同；调节器的功率不得小于发电机的功率，否则系统不能正常工作。

8）线路连接必须正确，目前各种车型调节器的安装位置及接线方式各不相同，故接线时要特别注意。

9）发电机在工作时，不得任意拆下电路电气元部件，否则，将由于瞬时过电压而烧坏电路中的电子元件。

10）调节器必须受点火开关控制，对于未配备发电机磁场绕组保护器件的发电机，当发电机停止转动时，应将点火开关断开，否则会使发电机的磁场电路一直处于接通状态，不但会烧坏磁场绕组，而且会引起蓄电池亏电。

11）发电机传动带的挠度应符合规定。若挠度过大，发电机发电不足；挠度过小，易损坏传动带和带轮轴承。

13. 交流发电机与调节器的维护

交流发电机在使用中，应定期进行以下检查：

1）检查发电机传动带。

①检查传动带的外观：用肉眼观看应无裂纹或磨损现象，如有则应更换。

②检查传动带的挠度：用30N的力压在传动带的两个传动轮之间，新带挠度约为5~10mm，旧的传动带约为7~14mm。

2）检查导线的连接。接线是否正确；接线是否牢靠；发电机输出端接线螺钉必须加弹簧垫。

3）检查发电机运转时有无噪声。

4）检查发电机是否发电。

①观察充电指示灯的熄灭情况：若充电指示灯一直亮着，说明发电机或调节器有

故障，也可能是充电指示灯线路有故障，应及时维修。

②用万用表直流电压档测量电压：在发电机未转动时测量蓄电池端电压，并记录下来，起动发动机并将转速提高到怠速以上转速，测量蓄电池端电压，若能高于原记录，说明发电机能发电，若测量电压一直不上升，说明发电机或调节器有故障，应及时维修。

5）当发现发电机或调节器有故障需要从车上拆下检修时，首先关断点火开关及一切用电设备，拆下蓄电池负极电缆线，再拆卸发电机上的导线接头。

14. 用示波器观察输出电压波形

当交流发电机有故障时，其输出电压的波形将出现异常，因此，可用示波器观察发电机的输出电压波形，根据输出电压波形可以判断交流发电机所在故障部位是内部故障、整流器故障还是定子绕组故障，如图 2-39 所示。

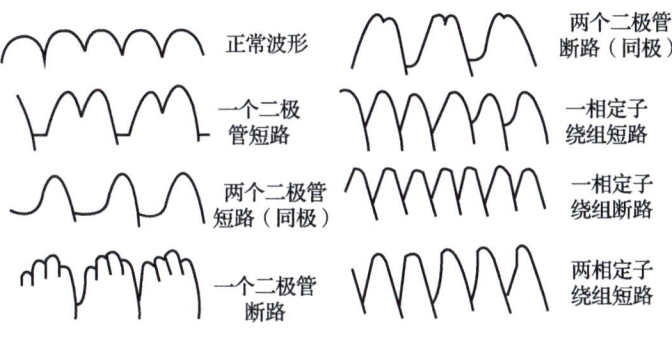

图 2-39　交流发电机电压波形

五、实践任务

对发电机进行检修。

六、实践计划

1. 分小组

组长：负责操作设计及规范操作，协助总结记录员完成总结报告。

主操作手：负责主要操作。

副操作手：负责协助主操作手并读取数据。

数据记录员：负责对数据进行记录。

数据核对员：负责将实测数据与理论数据进行对比。

总结记录员：负责汇总形成报告。

小组成员分工及故障分析
成员分工
项目分析

2. 实施计划

1）发电机结构。

2）发电机电路。

3）检测工具选用。

4）发电机检测流程设计。

5）检测结果预想。

七、实践实施

实训数据记录						
姓名			班级			
学号			指导教师			
组员						
汽车 VIN 码						
汽车品牌		汽车车型			汽车年代	
工具选择						
数据记录及结果分析						

八、实践反思

自评、互评、教师点评表

姓名		班级		学号		指导教师		组别	
评分项目		评分内容		分值		个人评分		小组评分	教师评分

评分项目	评分内容	分值	个人评分	小组评分	教师评分
工具、场地准备	场地干净整洁,符合作业要求	5			
	通用及专用工具准备齐全、正确	5			
专业知识学习	学习态度端正,认真积极	5			
工具、设备选择与使用	检测与维修工具、设备选择正确、合适	5			
	工具、设备使用正确,操作规范	10			
操作实施	按照要求实施操作	25			
	操作正确、有序	10			
	零部件拆装无破损	5			
总结报告	数据记录完整,符合实际情况	5			
	实训报告客观、务实	5			
团队协作能力	小组成员分工明确	5			
	团队协作,共同完成实训操作	5			
安全	安全操作,未出现人身危险情况	5			
	工具、设备使用安全,未损坏	5			
总分		100			

组长: 　　　　　　　　　　　　日期:

九、思考题

1）发电机具有什么功用？

2）发电机主要由哪几部分组成？

3）如何对发电机进行检测？

小知识：面对压力，我们要像整流调节器一样学会调节，学会在生活中找到乐趣缓解压力，舒缓心情。

任务 4　起动系统原理及检修

一、任务目标

1）了解汽车起动系统的结构与组成。
2）能对起动机进行正确拆装。

二、任务内容

掌握起动机拆装及检修方法。

三、安全注意事项

注意个人及设备安全，规范操作。

四、知识提要

1. 起动系统功用及基本组成

起动系统的作用：通过起动机将蓄电池的电能转换为机械能，起动发动机运转，如图 2-40 所示。

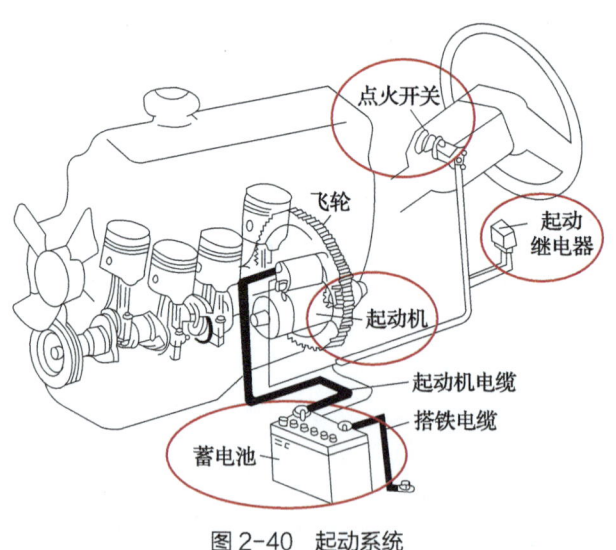

图 2-40　起动系统

起动电路包括蓄电池、点火开关、J519（车载电网控制单元）、熔丝（SB30）、

J682（接线端 50 供电器）、J329（总线端 15 供电器）、起动机等，如图 2-41 所示。

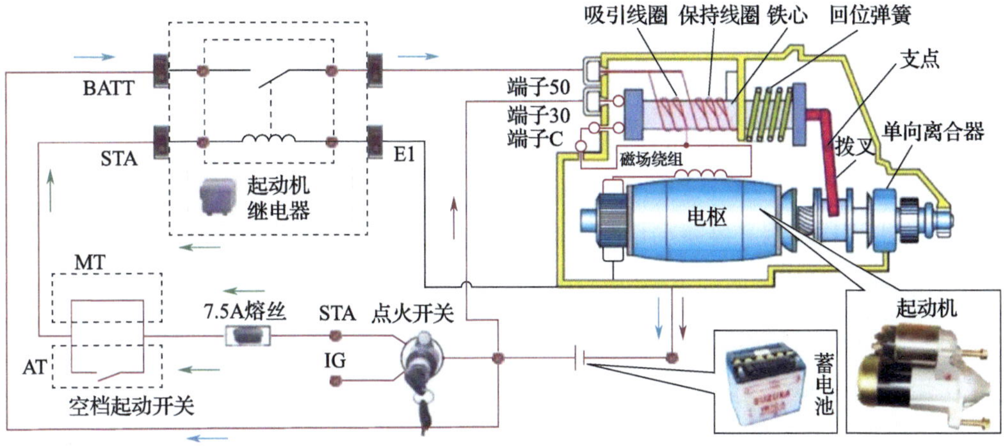

图 2-41 起动系统原理

带汽车起动机继电器、起动熔丝和档位控制开关的汽车起动系统，起动机的 30 号端子为汽车蓄电池的主接线柱（接蓄电池正极线 30），起动机的 50 号端子为汽车蓄电池的起动接线柱（接正极线 50），起动机端子 C 接起动机内部的励磁绕组。当起动开关（即点火开关）转到起动档时，汽车起动系统的工作电路为：蓄电池正极→点火开关→ 7.5A 熔丝→变速器空档起动开关→起动机继电器电感线圈端→搭铁→蓄电池负极。

该电路接通的目的是使起动继电器的触点吸合，起动机起动接线柱（端子 50）给保持线圈供电，产生吸力，使起动机小齿轮和飞轮大齿圈啮合，这样，起动系统主电路导通。主电路为：蓄电池正极→起动机主接线柱（端子 30）→接触片→起动机接线柱（端子 C）→起动机电枢→搭铁→蓄电池负极，汽车起动机开始工作。

2. 起动机的结构组成

起动机由直流电动机、传动机构和操纵机构 3 部分组成，如图 2-42 所示。

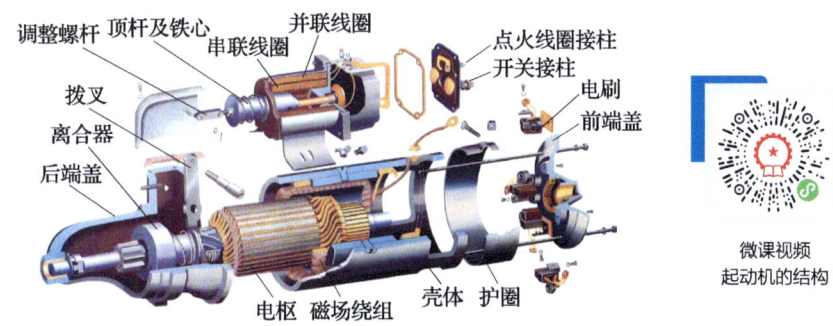

图 2-42 起动机结构

1）直流电动机。它由电枢、磁极、外壳、电刷与刷架等组成，其作用是产生转矩。

2）传动机构。由驱动齿轮、滚柱式离合器、拨叉、啮合弹簧等组成，安装在起动机轴的花键部分。起动时，传动机构使驱动齿轮沿起动机轴花键槽外移与飞轮齿圈啮合，将电动机产生的转矩通过飞轮传递给发动机曲轴，使发动机起动；起动后，飞轮转速提高，将通过驱动齿轮带动电动机轴高速旋转，引起电动机超速。因此，在发动机起动后，传动机构应使驱动齿轮与电动机脱开，防止电动机超速。

3）操纵机构。用来接通和切断起动机与蓄电池之间的电路。在有些汽车上，还具有接入和隔除点火线圈附加电阻的作用。

3. 直流电动机的功用及组成

功用：将蓄电池输入的电能转换为机械能，产生电磁转矩。

结构：由电枢（转子）、磁极（定子）、换向器和电刷等主要部件构成。

（1）电枢

直流电动机的转动部分称为电枢，又称转子。转子由外圆带槽的硅钢片叠成的铁心、电枢绕组线圈、电枢轴和换向器组成，如图 2-43 所示。

为了获得足够的转矩，通过电枢绕组的电流较大（汽油机为 200~600A；柴油机可达 1000A），因此，电枢绕组采用较粗的矩形裸铜漆包线绕制为成型绕组。

图 2-43　直流电动机电枢

（2）磁极

磁极由固定在机壳内的磁极铁心和励磁绕组组成，如图 2-44 所示。

磁极一般是 4 个，两对磁极相对交错安装在电机的壳体内，定子铁心与转子铁心形成的磁通回路如图 2-45 所示，低碳钢板制成的机壳也是磁路的一部分。

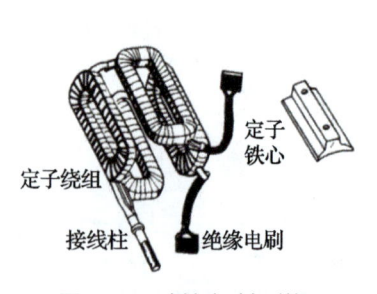

图 2-44　直流电动机磁极

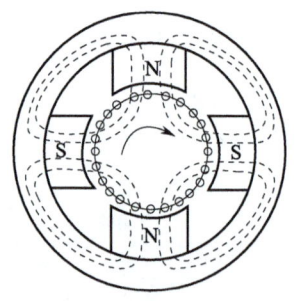

图 2-45　直流电动机磁通回路

4 个励磁绕组有的是相互串联后再与电枢绕组串联（称为串联式），有的则是两两相串后再并联,再与电枢绕组串联(称混联式),如图 2-46 所示。

励磁绕组一端接在外壳的绝缘接线柱上,另一端与两个非搭铁电刷相连接。

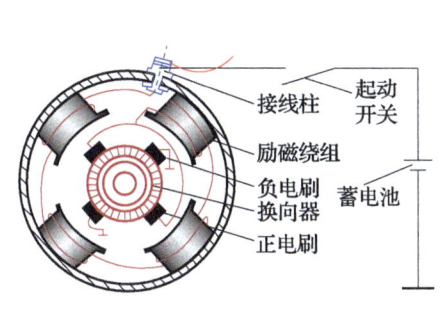
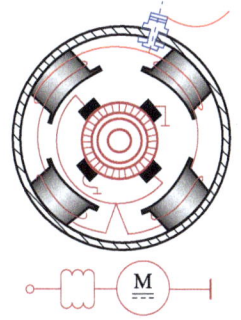

a)内部线路连接　　　b)4个励磁绕组相互串联　　c)励磁绕组两两串联后并联

图 2-46　磁场绕组的连接

当起动开关接通时,电动机的电路为蓄电池正极→接线柱→励磁绕组→电刷→换向器和电枢绕组→搭铁电刷→搭铁→蓄电池负极。

(3)电刷与电刷架

如图 2-47 所示,电刷架一般为框式结构,其中正极电刷架绝缘地固定在端盖上,负极电刷架与端盖直接相连并搭铁。电刷置于电刷架中,电刷由铜粉与石墨粉混合后压制而成,呈棕黑色。电刷架上有较强弹性的盘形弹簧。

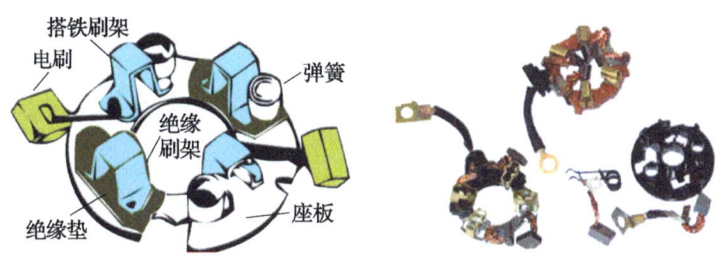

图 2-47　电刷与电刷架

(4)换向器

作用:向旋转的电枢绕组注入电流。

它由许多截面呈燕尾形的铜片围合而成,如图 2-48 所示。铜片之间由云母绝缘。云母绝缘层应比换向器铜片外表面凹下 0.8mm 左右,以免铜片磨损时,云母片很快凸出。电枢绕组各线圈的端头均焊接在换向器的铜片上。

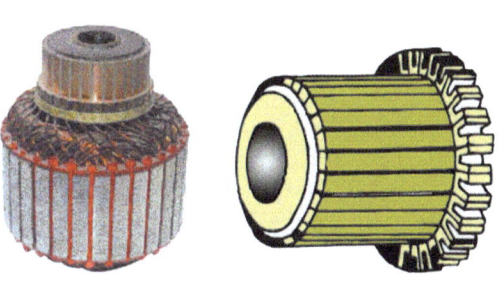

图 2-48　换向器

4. 传动机构的功用及组成

传动机构是使起动机的驱动齿轮和发动机飞轮齿圈啮合传动及分离的机构。

作用：起动时，使起动机的驱动齿轮与发动机的飞轮齿圈啮合，将电动机产生的转矩传递给飞轮；起动后，自动切断动力传递，防止电动机被发动机带动超速运转而遭到损坏。

组成：传动机构由驱动齿轮、单向离合器、拨叉、啮合弹簧等组成，安装在转子轴的花键部分。种类：滚柱式单向离合器、摩擦片式单向离合器、弹簧式单向离合器。

图 2-49 滚柱式单向离合器实物

滚柱式单向离合器外形如图 2-49 所示，其结构如图 2-50 所示，传动套筒内具有花键槽，与电枢轴上的外花键相配合。起动小齿轮套在电枢轴的光滑部分上。在传动套筒的另一端，活络地套着缓冲弹簧压向右方，并有卡簧防止脱出。移动衬套由传动叉拨动。起动小齿轮与离合器外壳刚性连接，十字块与传动套筒刚性连接。装配后，十字块与外壳形成四个楔形空间，滚柱分别安装在四个楔形空间内，且在压帽弹簧张力的作用下，处在楔形空间的窄端。

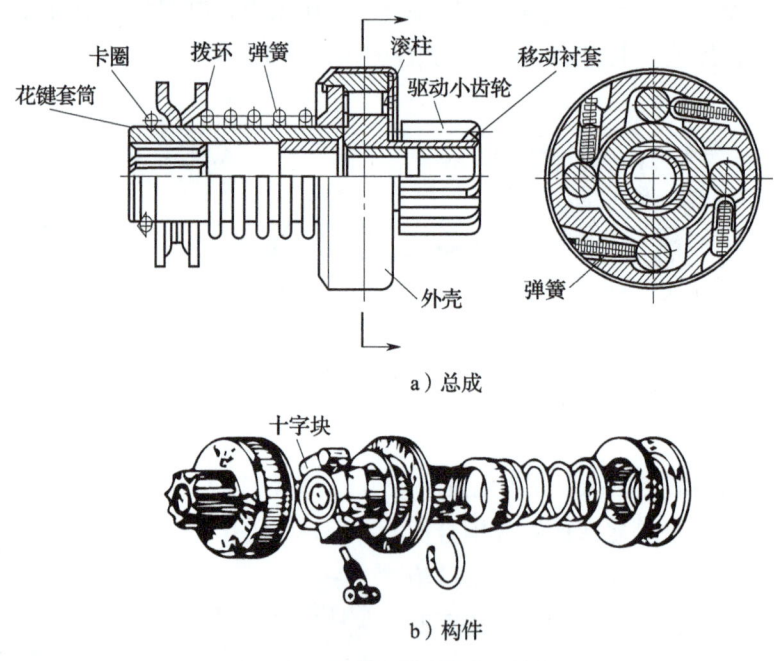

图 2-50 滚柱式单向离合器结构

5. 起动机的工作过程

起动发动机时，在电磁力的作用下，传动拨叉使移动衬套沿电枢轴轴向移动，从而压缩缓冲弹簧。在弹簧张力的作用下，离合器总成与起动小齿轮沿电枢轴轴向移动，实现起动小齿轮与发动机飞轮的啮合。与此同时，控制装置接通起动机主电路，起动机输出强大的电磁转矩。转矩由传动套筒传至十字块，十字块与电枢轴一同转动。此时，由于飞轮齿圈瞬间制动，就使滚柱在摩擦力的作用下，滚入楔形槽的窄端而卡死。于是起动小齿轮和传动套成为一体，带动飞轮起动发动机，如图 2-51 所示。

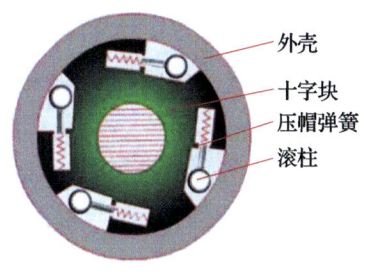

图 2-51　滚柱式单向离合器原理

起动发动机后，由于飞轮齿圈带动驱动齿轮高速旋转且比电枢轴转速高得多，驱动齿轮尾部的摩擦力带动滚柱克服弹簧张力，使滚柱滚向楔形腔室较宽的一端，于是滚柱将在驱动齿轮尾部与外座圈间发生滑摩，发动机动力不能传给电枢轴，起到分离作用，电枢轴只按自己的转速空转，避免电枢超速飞散的危险。

此种离合器构造简单，工作可靠；接合时为刚性，不能承受大的冲击力，传递大转矩会因滚柱卡死而失效；适用于额定功率在 1.47kW 以下的小型起动机。

6. 控制装置的功用及组成

现代汽车上，起动机的控制装置均采用电磁式控制装置，即电磁开关，其外形如图 2-52 所示。

作用：控制驱动齿轮与飞轮齿圈的啮合与分离；控制电动机电路的接通与切断。

组成：如图 2-53 所示，电磁开关主要由吸拉线圈、保持线圈、回位弹簧、活动铁心、接触片等组成。其中，电磁开关上的"30"端子接至蓄电池正极；"C"端子接起动机励磁绕组；吸拉线圈一端接起动机主电路，与励磁绕组和电枢绕组串联，保持线圈的一端直接搭铁，两线圈的公共端接点火开关。

图 2-52　电磁开关

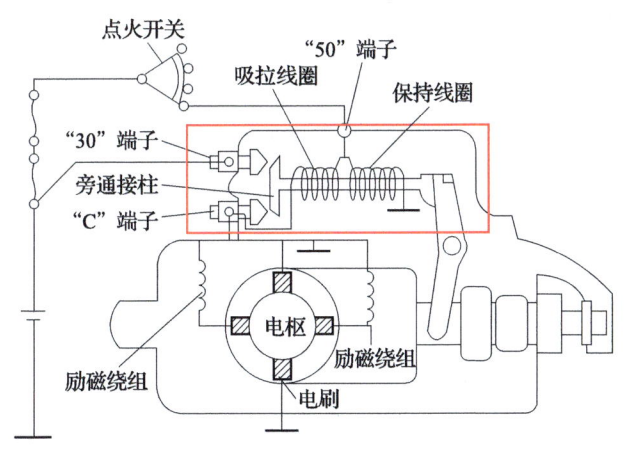

图 2-53　起动机控制电路

7. 控制装置工作过程

点火开关接至起动档时，接通吸拉线圈和保持线圈，其电路为：蓄电池正极→熔丝→点火开关→接线柱 7，分两路：一路经吸拉线圈→主电路接线柱 C→励磁绕组→电枢绕组→搭铁→蓄电池负极；另一路经保持线圈→搭铁→蓄电池负极。

此时，吸拉线圈与保持线圈产生的磁场方向相同，在两线圈电磁吸力的作用下，活动铁心克服回位弹簧的弹力而被吸入。拨叉将起动小齿轮推出使其与飞轮齿圈啮合。

齿轮啮合后，接触盘将触头接通，蓄电池便向励磁绕组和电枢绕组供电，产生正常的转矩，带动起动机转动。

与此同时，吸拉线圈被短路，齿轮的啮合位置由保持线圈的吸力来保持。

8. 起动机拆卸步骤

1）断开蓄电池的负极电缆。
2）拆下起动机电缆。
3）断开起动机插接器。
4）清洁起动机外表的灰尘与油污。
5）拆卸起动机。
6）拆下防尘罩，拉起电刷弹簧，取出电刷。
7）拆下夹紧螺栓，使端盖、壳与传动端分开，取出电枢。
8）拆除驱动杠杆销轴的螺钉，取出传动叉销与回位弹簧。
9）拆除中间轴承支撑板的固定螺钉，取下支撑板垫圈、传动叉和啮合器。
10）拆下开关至磁场线圈接线柱间的连接铜片，再拆去开关的固定螺钉，取下开关。
11）将解体的各部件清洗干净。

微课视频
起动机拆卸

9. 起动机的安装

1）将驱动壳内的衬套涂上润滑脂。
2）安装单向离合器组件前，对螺旋花键涂以润滑脂，对与拨头连接的滑动和接触表面涂上润滑脂，对安装在支架上的衬套和插入此衬套内的电枢轴涂上润滑脂。
3）安装制动螺母后，用冲杆在两个地方撑住，并将其锁紧。
4）调整移动双头螺栓的长度，使限位螺母和位于嵌入状态的驱动轮之间的间隙为 1~4mm。检查时，在空载状态下起动机器，使驱动齿轮脱离，直至起动机速度稳定为止。
5）连接蓄电池搭铁线。
6）检查起动机工作是否正常。

五、实践任务

进行起动机拆装操作。

六、实践计划

1. 分小组

组长：负责操作设计及规范操作，协助总结记录员完成总结报告。

主操作手：负责主要操作。

副操作手：负责协助主操作手并读取数据。

数据记录员：负责对数据进行记录。

数据核对员：负责将实测数据与理论数据进行对比。

总结记录员：负责汇总形成报告。

小组成员分工及故障分析
成员分工
项目分析

2. 实施计划

1）进行起动机检查。

2）测量起动机部件间电阻。

3）进行起动机拆卸。

4）进行起动机装配。

5）检测起动机是否装配到位。

七、实践实施

实训数据记录			
姓名		班级	
学号		指导教师	
组员			
汽车 VIN 码			
汽车品牌		汽车车型		汽车年代	
工具选择			
数据记录及结果分析			

八、实践反思

自评、互评、教师点评表

姓名		班级		学号		指导教师		组别	
评分项目		评分内容			分值	个人评分	小组评分	教师评分	
工具、场地准备		场地干净整洁，符合作业要求			5				
		通用及专用工具准备齐全、正确			5				
专业知识学习		学习态度端正，认真积极			5				
工具、设备选择与使用		检测与维修工具、设备选择正确、合适			5				
		工具、设备使用正确，操作规范			10				
操作实施		按照要求实施操作			25				
		操作正确、有序			10				
		零部件拆装无破损			5				
总结报告		数据记录完整，符合实际情况			5				
		实训报告客观、务实			5				
团队协作能力		小组成员分工明确			5				
		团队协作，共同完成实训操作			5				
安全		安全操作，未出现人身危险情况			5				
		工具、设备使用安全，未损坏			5				
总分					100				

组长： 日期：

九、思考题

1）起动机由哪几部分组成？

2）起动机是如何进行工作的？

3）左手定则和右手定则的异同点是什么？

> **小知识**：单向离合器实现动力有效传递，规章制度规范岗位职责，提升工作能效。

项目 3
汽车燃油供给系统检测与维修

项目目标
- 准确掌握汽车燃油供给系统工作原理
- 能用检测设备读取汽车燃油供油系统数据流
- 能识别并构建汽车燃油供油系统电路图

项目任务
- 能掌握汽车燃油泵控制原理和检修过程
- 能掌握汽车燃油喷射系统控制原理和检修过程

任务 1 汽车燃油泵控制原理及检修

一、任务目标

1）掌握汽车燃油泵系统线路构成部件与工作原理。
2）能绘制汽车燃油泵系统路径图。

二、任务内容

1）掌握汽车燃油泵系统指令传输路径。
2）构建汽车燃油泵系统路径图。

三、安全注意事项

注意个人及设备安全,规范操作。

四、知识提要

汽车燃油供给系统具有供油和喷油两个功能。针对歧管喷射发动机,燃油经燃油泵从燃油箱中吸出,经过燃油滤清器过滤,再经过燃油管路送达油轨。油轨将燃油分配到各喷油器,燃油经喷油器喷射,在进气门处与空气混合,最后由进气门进入气缸。带压力调节器的燃油滤清器如图 3-1 所示。通过压力调节器,燃油压力被由弹簧拉紧的膜片阀调节到恒定值,多余燃油回流至燃油箱中。

微课视频
燃油泵

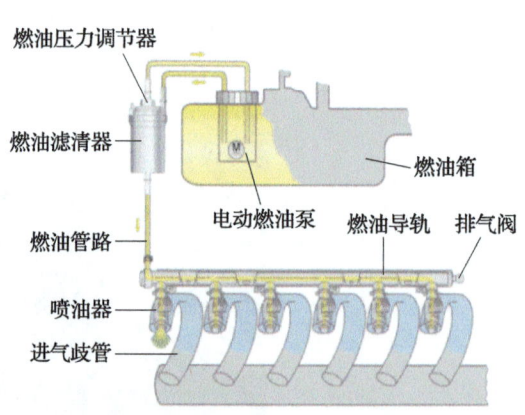

图 3-1 燃油供给系统

项目3 汽车燃油供给系统检测与维修

1. 燃油泵系统

燃油泵安装在燃油箱内,用于抽取燃油箱中的燃油。燃油传感器通过一个浮子和一个电位计来检测剩余燃油量。燃油箱和燃油泵的结构如图 3-2 所示。为抑制燃油晃动,燃油箱内都装有防晃隔板。这些防晃隔板除用于抑制燃油晃动外,还可增强燃油箱的强度。

考虑到散热、隔声、气阻等问题,目前燃油泵内置在燃油箱,主要作用是将燃油从燃油箱内吸出、加压后输送到供油管中,和燃油压力调节器配合建立一定的燃油压力。如图 3-3 所示为燃油泵内部结构。

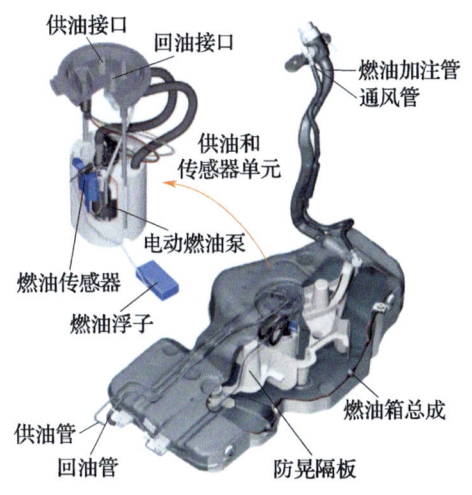

图 3-2 燃油箱和燃油泵

1)燃油泵何时工作,工作多长时间由 ECU 根据车辆实际情况进行控制。

2)燃油泵由蓄电池直接供电,燃油泵继电器控制其通断,如图 3-4 所示。燃油泵电路问题多是由于燃油泵继电器故障导致。

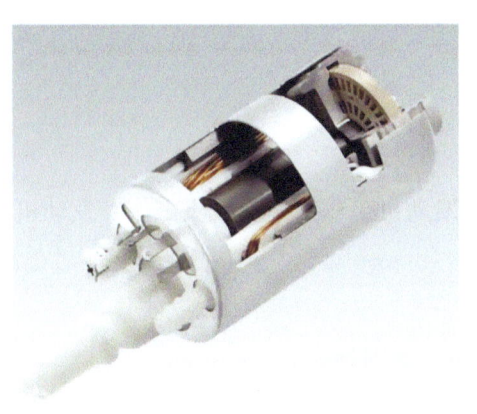

图 3-3 燃油泵内部结构

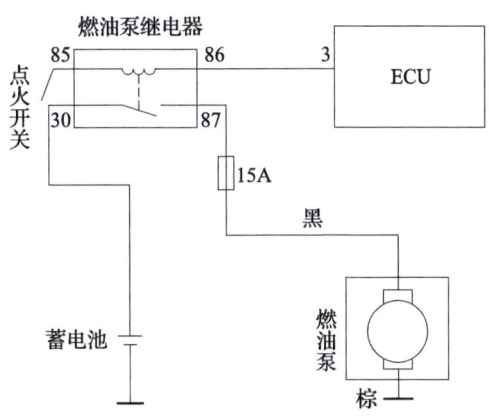

图 3-4 燃油泵控制原理

3)燃油泵电动机通电带动内转子旋转,在进油室处容积增大,形成真空吸油。在离心力的作用下内转子紧贴外转子,将油经窄小缝隙由进油室驱至出油室,在出油口容积减小,形成高压油从出油口泵出。

2. 燃油泵故障检测方法

当燃油泵不工作时,先检查燃油泵电路,再检查燃油管路压力。

(1)电路检查

测量燃油泵供电端子,供电端子电压应为蓄电池电压。如电压异常,则考虑是燃油泵继电器或燃油泵相关线束故障。

（2）油压检查

燃油压力通过燃油压力表进行测量，其压力应在 0.4MPa 左右（视发动机型号不同，具体压力值也会有不同）。如果压力异常，可能是燃油压力调节器或燃油泵或滤清器出现了故障。

3. 燃油泵故障检测安全注意事项

（1）旧燃油泵

在对长时间使用过的车辆燃油泵进行故障检修时，这类燃油泵不能干试。因为当拆下该燃油泵后，由于泵壳内剩余有燃油，因此在通电试验时，一旦电刷与换向器接触不良，就会产生火花引燃泵壳内燃油而引起爆炸，其后果十分严重。

（2）新燃油泵

对新更换的燃油泵，也不得进行调试。因为燃油泵电动机密封在泵壳内，干燥时通电产生的热量无法散发，电枢一旦过热就会烧毁电动机，故必须将燃油泵浸泡在燃油中进行试验。

（3）其他方面

燃油泵离开油箱后，应及时将油泵擦拭干净，在其放置附近还应避免火花，并遵循"先接线，后通电"的安全原则。

4. 常见油泵系统故障点

（1）故障部位：安全阀漏油或弹簧失效

故障现象：供油压力偏低，供油量不足，发动机工作不平稳或不工作，发动机加速不良，发动机无力。

（2）故障部位：单向阀漏油

故障现象：输油管路不能建立残压，发动机起动困难。

（3）故障部位：进油滤网堵塞

故障现象：供油不足，燃油泵发出尖叫声，发动机高速喘振、无高速、加速不良、严重时怠速不稳。

（4）故障部位：电动机烧坏

故障现象：无燃油供应，发动机不工作。

（5）故障部位：燃油泵磨损

故障现象：泵油压力不足，发动机起动困难、动力不足、加速不良。

5. 燃油压力调节器检修

燃油系统油压过高、过低、不稳或残压保持不住都与燃油压力调节器有关。

1）当系统油压过高时，首先对系统卸压，拆下燃油压力调节器上的回油管，套上准许的容器，接通点火开关或起动一下发动机，观察燃油压力调节器回油管，如回油管少或没有回油，则燃油压力调节器不良，应予以检修或更换。

2）当系统油压过低时，首先起动发动机怠速运行，夹住回油软管，油压立即上升至 400kPa 以上。则燃油压力调节器不良，应予以检修或更换。注意不要使系统油压高于 450kPa，否则容易损坏燃油压力调节器。

3）起动发动机怠速运行，拔去燃油压力调节器上的真空管，油压应上升 50kPa 左右，如不符合，则燃油压力调节器质量不良，应予以检修或更换。

6. 燃油泵继电器故障检测与维修方案

采用诊断仪读取发动机控制单元的故障码，与燃油泵继电器相关的常见故障码有：燃油泵控制对正极短路、燃油泵控制搭铁短路和燃油泵控制开路。

（1）燃油泵控制对正极短路故障的检修方法

首先断开燃油泵继电器插头，在打开点火开关的瞬间测量继电器插槽 2 脚与搭铁间的电压，其额定值应在 –1~1V 之间。如果测得值不在此范围内，说明连接 2 脚的激励线有对正极短路的地方；如果测得值在上述额定区间内，说明无对正极短路。然后检测是否断路。先关闭点火开关，然后断开发动机电控单元插头，测量继电器插槽 2 脚与发动机电控单元插头 80 脚之间的电阻值。如果测得电阻值高于 3Ω，说明线路开路（断路）；如果电阻值低于 3Ω，说明燃油泵继电器到发动机电控单元的线路没问题。由上述结果分析故障只能在继电器本身，应该更换继电器。

（2）燃油泵控制搭铁短路故障检修方法

关闭点火开关，断开燃油泵继电器，测量继电器插槽 2 脚与发动机搭铁点之间的电阻值。如果电阻值低于 9MΩ，说明激励线搭铁短路；如果电阻值高于 9MΩ，说明线路没问题，短路点一定在继电器内部，应更换继电器。

（3）燃油泵控制开路故障检修方法

首先检查相关的熔丝和燃油泵继电器安装是否正确，有无脏污或破损。在没有查到故障的情况下，拔出燃油泵继电器，分别测量其插槽 1 脚和 3 脚到发动机搭铁之间的电压（即检查继电器的供电）。如果测得电压小于 11.5V，说明相关检测点到蓄电池间的导线有断路；如果电压大于 11.5V，说明电压供给正常。

然后检查继电器的执行部分和燃油泵。用转接线桥接插槽上的 1、5 脚，如果燃油泵仍然不工作，说明故障不在继电器，应该继续检查继电器到燃油泵的线路，在排除线路故障后仍未解决问题，则故障只能在燃油泵，应该更换燃油泵；如果桥接 1、5 脚后燃油泵通电工作，则把故障限定于继电器激活部分和继电器本身，检测方法同"燃油泵控制对正极短路故障的检修方法"。

五、实践任务

1)油泵系统继电器、熔丝实车检测并绘制电路图。
2)油泵系统关键数据流读取。
3)油泵的检测与维护。

六、实践计划

1. 分小组

组长:负责操作设计及规范操作,协助总结记录员完成总结报告。
主操作手:负责主要操作。
副操作手:负责协助主操作手并读取数据。
数据记录员:负责对数据进行记录。
数据核对员:负责将实测数据与理论数据进行对比。
总结记录员:负责汇总形成报告。

小组成员分工及故障分析
成员分工
项目分析

2. 实施计划

1）对照实车电路图，找到继电器，熔丝位置并绘制电路图。

2）检测继电器和熔丝的好坏。

3）选择合适的检测仪器测量关键数据流。

4）油泵的拆卸与检测维护。

七、实践实施

实训数据记录					
姓名		班级			
学号		指导教师			
组员					
汽车 VIN 码					
汽车品牌		汽车车型		汽车年代	
工具选择					
数据记录及结果分析					

八、实践反思

自评、互评、教师点评表

姓名		班级		学号		指导教师		组别	
评分项目		评分内容		分值		个人评分		小组评分	教师评分
工具、场地准备		场地干净整洁，符合作业要求		5					
		通用及专用工具准备齐全、正确		5					
专业知识学习		学习态度端正，认真积极		5					
工具、设备选择与使用		检测与维修工具、设备选择正确、合适		5					
		工具、设备使用正确，操作规范		10					
操作实施		按照要求实施操作		25					
		操作正确、有序		10					
		零部件拆装无破损		5					
总结报告		数据记录完整，符合实际情况		5					
		实训报告客观、务实		5					
团队协作能力		小组成员分工明确		5					
		团队协作，共同完成实训操作		5					
安全		安全操作，未出现人身危险情况		5					
		工具、设备使用安全，未损坏		5					
		总分		100					

组长： 日期：

九、思考题

1）如何用最简单的方法判断油泵系统是否工作正常？

2）油泵泵油压力不足有哪些现象？

　　小知识： 汽车燃油的原料石油被称为工业的血液，具有极其重要的战略地位，而我国石油严重依赖进口，进口原油量占消耗量的七成以上。

任务 2　汽车燃油喷射系统控制原理及检修

一、任务目标

1）掌握燃油喷射系统线路构成部件及工作原理。
2）能绘制燃油喷射系统电路图。

二、任务内容

1）燃油喷射系统组成及工作原理。
2）构建燃油喷射系统电路图。

三、安全注意事项

注意个人及设备安全，规范操作。

四、知识提要

1. 燃油喷射系统

电控燃油喷射系统（EFI）以发动机控制单元（ECU）为控制中心，利用安装在发动机上的各种传感器所提供的各种发动机工作参数，按照 ECU 中设定的控制程序，通过控制喷油器，精确地控制喷油量和喷油时间，从而使发动机在各种工况下都能获得最佳浓度的混合气。高压燃油喷射系统的结构如图 3-5 所示。

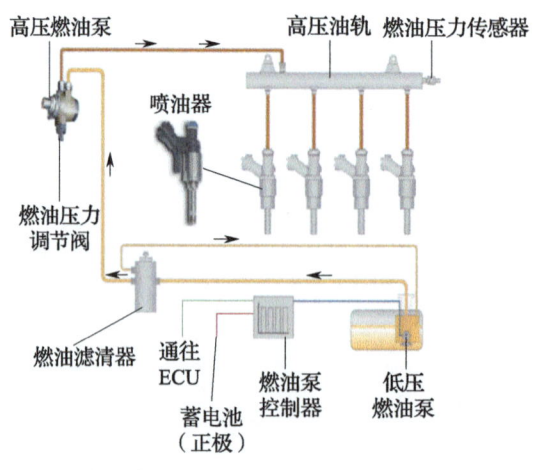

图 3-5　高压燃油喷射系统

2. 燃油喷射系统类型

1）缸内直接喷射，如图 3-6 所示。

2）双喷射系统，如图 3-7 所示。

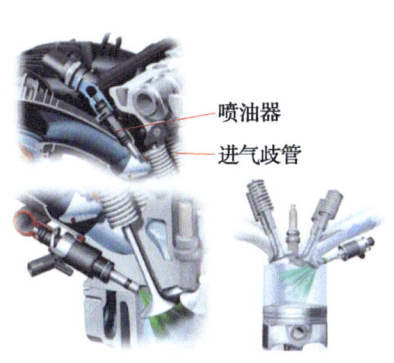

图 3-6　缸内直接喷射

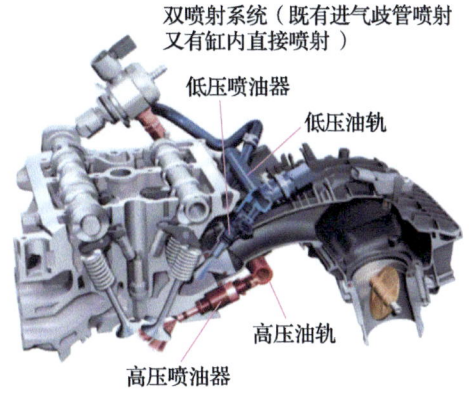

图 3-7　双喷射系统

3. 高压喷油器

高压喷油器的结构如图 3-8 所示。当电流经过线圈时，线圈产生磁场，使带有衔铁的喷嘴针阀克服弹簧的弹力向阀座内升起，形成喷油孔。由于共轨压力与燃烧室压力存在压力差，此时将燃油压入燃烧室内。切断电流时，喷嘴针阀在弹簧力的作用下压入阀座内，切断燃油油流。

喷射的燃油量取决于共轨压力、燃烧室内的背压以及喷射阀开启时间。相对于进气歧管喷射系统，直接喷射系统可更迅速、更准确，并以更佳喷束喷射燃油。

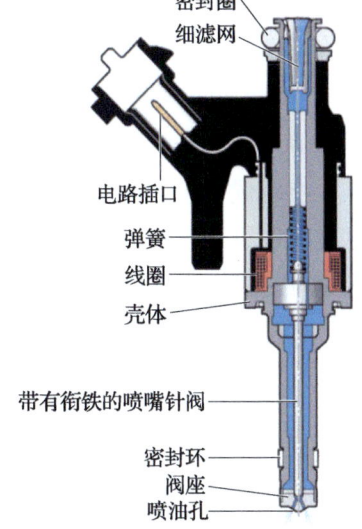

图 3-8　高压喷油器

4. 燃油喷射系统的组成零部件

1）燃油分配器，如图 3-9 所示。

燃油分配器（Fabricated Fuel Rail）又称燃油导轨或者燃油油轨，它是电控燃油喷射系统中空气/燃料子系统的一个组成部分，它是一种机械装置，安装在进气歧管上位于喷油器处，它的主要功能是保证提供足够的燃油流量并均匀地分配给各缸的喷油器，同时实现各喷油器的安装和连接。另外，它还可能对燃油压力脉动、燃油高温气化等产生影响。

2）喷油器（喷油嘴），如图 3-10 所示。

微课视频
燃油分配器拆卸

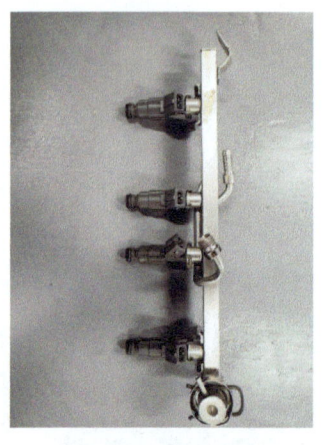

图 3-9　燃油分配器　　　　图 3-10　喷油器实物

喷油器（图 3-11）的作用是接受 ECU 送来的喷油脉冲信号，精确地控制燃油喷射量。喷油器的工作好坏，对每台发动机的功率发挥起着根本性作用。由于燃油不佳导致喷油器工作不灵，使缸内积炭严重；缸筒、活塞环加速磨损，造成怠速不稳，油耗上升，加速无力，起动困难及排放超标，严重的会彻底堵塞喷油器，损坏发动机。因此，要定时清洗喷油器，长期不清洗或者频繁地清洗喷油器都会造成不好的影响。至于清洗的时间，要根据车况和平时加的燃油的质量来确定。一般来说，车况好、燃油质量好可以延长到 4 万~6 万 km 左右。当喷油器有轻微堵塞时，对车况也有一定影响。有时候会出现这样的故障：挂一档，起步，车有些抖动，等到挂高档时，加速，这样的现象又消失。假定车上的各种传感器工作正常，节气门也清洗过，电路也正常，那很可能就是喷油器有轻微堵塞了。

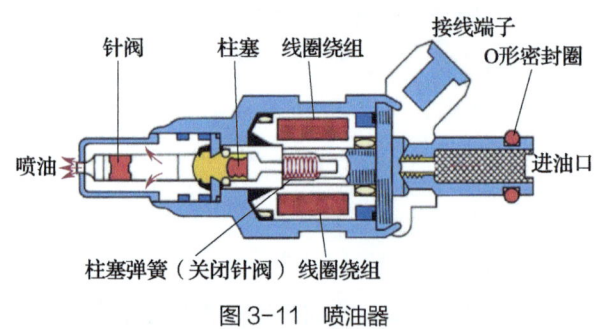

图 3-11　喷油器

3）炭罐。因为活性炭有吸附功能，当汽车运行或熄火时，燃油箱的汽油蒸气通过管路进入活性炭罐的上部，新鲜空气则从活性炭罐下部进入活性炭罐。发动机熄火后，汽油蒸气与新鲜空气在罐内混合并储存在活性炭罐中，当发动机起动后，装在活性炭罐与进气歧管之间的燃油蒸发净化装置的电磁阀门打开，活性炭罐内的汽油蒸气被吸入进气歧管参加二次燃烧。

5. 常见喷油系统故障点

（1）燃油滤清器故障

燃油滤清器主要是防止燃油中的杂质进入发动机，以免引起燃油系统的阻塞，减少机械磨损，延长滤清器的使用寿命。在定期保养汽车时如发现滤清器到发动机之间出现机械磨损，燃油泵供油正常的情况下不能为发动机供油，则应检查燃油滤清器是否出现阻塞问题：

1）拆下燃油滤清器，试用嘴吹一下靠油箱侧的进气管口，确认是否通气。

2）燃油滤清器的阻塞分为两种，一是彻底堵塞不通气；二是用力吹才通气。在汽车上装有的滤清器大多数是不可分解的，一旦堵塞应进行整体更换。

3）通常燃油滤清器的更换周期为40000km。

4）燃油滤清器常出现松动和四周渗漏现象，所以驾驶人应经常紧固检查以免对汽车行驶造成不便。

5）更换燃油滤清器时，应首先释放燃油系统压力，并注意燃油滤清器壳体上的箭头标记为燃油流动方向，不能装反。

（2）喷油器故障

1）喷油器雾化不良。

故障现象：柴油机功率下降，排气冒黑烟，机器运转声音异常。

故障分析：喷油压力过低时，喷油器孔磨损有积炭，弹簧端面磨损或弹性下降，会造成喷油器提前开启或者延迟关闭，形成喷油雾化不良。此外，由于粒径过大的柴油油滴不能充分燃烧，它们沿着气缸壁流入油底壳，增加了油位，降低了黏度，恶化了润滑，也可能导致烧瓦拉缸的事故。

2）针阀卡死。

故障现象：发动机功率下降、抖动甚至无法起动。

故障分析：柴油中的水分或酸性物质会使针阀生锈卡住。针阀密封锥面损坏后，缸内可燃气体也会窜入配合面形成积炭，导致针阀咬死，喷油器失去喷油功能，导致气缸停止工作。

3）喷油器滴油。

故障现象：柴油机温度低时起动困难，排气管冒白烟，柴油机温度升高后变成黑烟。并且油耗增加。

故障分析：喷油器工作时，针阀阀体的密封锥会频繁受到针阀的强烈冲击。此外，高压燃油会不断从其中喷出，锥体会逐渐出现磨损或斑点，从而导致喷油器滴油。柴油机温度低时，排气管冒白烟，柴油机温度升高时，变成黑烟。检查针阀运动是否灵活，锥面应无磨损和松紧，否则需更换新的喷油器。

4）回油过量。

故障现象：喷油压力降低，喷油时间延迟，发动机功率降低，甚至柴油机熄火。

故障分析：当针阀偶件磨损严重或针阀阀体与喷油器壳体配合不紧密时，喷油器回油量会明显增加。同时应注意阀板。一旦磨损，喷油器回油会过大，影响发动机性能。

（3）炭罐故障

1）行驶过程中出现异响。当发动机在车辆行驶过程中，会传来哒哒哒的响声。这时候应找到炭罐电磁阀，看声音是不是由电磁阀发出，如果是电磁阀传来的声音那么这个故障是假的，因为电磁阀门在工作时候会产生断续的开关动作，产生哒哒哒的声响。如果这个声音不是电磁阀发出来的，那就要检查一下油路是否存在故障。

2）踩加速踏板车辆顿挫感比较强，车内有很浓的汽油味。这种问题通常是由炭罐系统的管路破裂问题导致的，此时汽油蒸气无法被重新送到发动机，而是进入大气造成车内汽油味较重。同时，由于管路破裂导致空气进入炭罐系统管道被送到发动机燃烧室，导致油气无法正常混合，造成混合气过稀，出现行车顿挫。

3）发动机怠速飘忽不定，致加速无力。这时候可以检查一下炭罐的空气入口及过滤网是否被堵塞。因为外界空气不易进入炭罐，导致炭罐内新鲜空气含量降低，怠速时在进空吸力的作用下，吸附在炭罐内的汽油蒸气被吸入进气歧管，氧传感器检测到的混合气浓度上升，发信号给ECU减少了喷油量，此时混合气体的浓度随之减小，导致怠速降低。随着喷油量的减少，氧传感器在下一个循环又检测到混合气浓度过稀，发信号给ECU增加喷油量，导致怠速过高。这样反复就出现了怠速不稳定。

4）发动机熄火不易打火。发动机不易打火，或者是打着火后又瞬间熄灭。这时候应该仔细检查一下炭罐电磁阀。如果电磁阀出现故障一直处于打开状态，那么发动机进气道的混合气也将不断加浓，这时ECU由于此时还没有控制电磁阀的工作，就不会发出降低喷油量的指令，如此循环便会导致热车时混合气过浓导致发动机熄火及热车不好打火的现象。

5）油箱加油过快或过满。加油过快或过慢，容易导致炭罐系统中的管路倒灌汽油，这些液态燃料不仅会损坏炭罐本身还会随着管路流入进气道，导致火花塞淹缸，出现车辆加油就熄火甚至无法起动的严重后果。而加油过快则会导致膨胀的蒸气来不及释放，产生呛油导致熄火。

6. 什么是积炭

积炭就是燃料和机油的窜气混合不完全燃烧后而产生的沉积物（主要成分是羟基酸、沥青质、焦油等）。沉积物的形成与汽车的"燃油"及"机油"直接有关。积炭可以分为气门、燃烧室积炭和进气管积炭。

7. 积炭的危害

1）降低发动机功率，也就是使动力输出不均匀且逐渐衰减，换句话说就是越来越没力。

2）增大油耗，加重用车经济负担。

3）冷起动困难，也就是打火困难，不容易着车。

4）燃烧室积炭严重的还会引起气缸爆燃，低转速加速有响声，对活塞及曲轴造成损害，从而严重影响汽车安全。

5）排放超标，不仅通不过年审检测，还直接加重污染环境的危害。

由于积炭的结构类似海绵，当气门形成积炭以后每次喷入气缸的燃油就会有一部分被吸附，使得真正进入气缸的混合气浓度变稀，导致发动机工作不良，出现起动困难、怠速不稳、加速不良、急加油回火、尾气超标、油耗增多等异常现象。如果再严重会造成气门封闭不严，使缸内没有缸压而彻底不工作，甚至粘连气门使之不回位。此时气门与活塞会产生运动干涉，最终损坏发动机。

8. 积炭是如何形成的

长期不注意油品和驾驶习惯，汽油中的蜡和胶质物就越积越厚，反复受热后变硬就形成了积炭。如果发动机出现烧机油的现象，或是加注的汽油质量低劣杂质较多，那么气门积炭就更严重且形成的速度也更快。电喷发动机的控制特点是气缸每次工作时都是先喷油再点火。当我们熄灭发动机的一瞬间点火会被马上切断，但是这次工作循环所喷射的汽油却无法被回收。只能黏附在进气门和燃烧室壁上，汽油很容易挥发。但汽油中的蜡和胶质物却留了下来。长此以来，蜡和胶质物越积越厚，反复受热变硬，就形成了积炭。

9. 积炭的检查

1）解体检查：即把发动机拆开，检查是否有积炭产生。这样很直观，但是耗时耗力，而且不管什么部件每拆装一次都会或多或少影响其性能，减短其使用寿命。

2）内窥镜检查：把火花塞或是喷油器拆下，用内窥镜来观察气门积炭的程度。这种方法很方便，但是内窥镜的成本非同小可，而且其在维修中的用处不是很广，因此不是所有的维修企业都配备了该设备。

3）观察反馈电压变化：用诊断仪来读取氧传感器反馈电压的变化，以此间接检测积炭的存在。一般来说正常的氧传感器反馈电压都是在 0.3~0.7V 之间波动，而且应该在 10s 之内有 8 次极大值和极小值的交替变化。一旦气门产生了积炭，氧传感器的反馈电压波动会变大，比如由原来的 0.3~0.7V 变成 0.1~0.9V。而且这个电压的中心值会变大，同时变化的频率会减缓。用诊断仪读取氧传感器反馈电压变化的方法省时省力，可是如果车本身的控制系统有故障，就不能很准确地作为判断依据，还会误导没有经验人员的故障诊断思路。再有就是这种方法只能针对闭环电喷的汽车使用，因为只有闭环控制的系统才配备氧传感器。

10. 一般喷油器清洗的方法

（1）免拆洗方式清洗

这种方法是利用发动机本来系统的压力以及循环网络，用清洗剂代替油料燃烧来对缸内积炭进行清洗，然后利用排放系统排出。这种方法虽然简单，但是清洗剂品种太多，规格不一，如果是质量差的清洗剂会因为热值不同，清洗过程中容易对活塞、排气门、缸壁产生损害，而且对喷油器的喷口和密封圈、三元催化器也有一定损害。

（2）超声波清洗方式。

这个现在最常见，清洗效果也比较好，需要拆下喷油器。

（3）拆卸清洗

我们所说的喷油器清洗大多洗的是喷油器内部的杂质，以及清洗液由喷油器喷入燃烧室起到的清洁作用。喷油器头部暴露在外面的部分则会被积炭所附着（直喷发动机的喷油器可能会严重些，因为喷油器所处环境较恶劣，更容易出现积炭）。

微课视频
喷油器拆卸清洗

所以在适当的保养周期，我们建议将喷油器拆下进行清洗工作，这样可以内外兼顾，既可以将内部存留杂质清除，也可以将喷油器头部附着的积炭清除。了解相关清洗工作的朋友可能会质疑，免拆清洗是用高压空气将清洗液来顶入气缸，使其代替汽油来维持发动机的运转。如果将喷油器从发动机的喷射系统上拆下，那么如何实现喷油器的开闭，又怎么实现喷射压力？让我们来看看喷油器拆洗的步骤。

1）拆下油轨的固定螺钉，如图3-12所示。

2）试探性地晃动油轨轴并取下，以防损坏密封圈，如图3-13所示。

图3-12 拆卸油轨固定螺钉

图3-13 拆卸油轨

3）蓄电池负极要始终断开，防止燃油泵意外工作，造成燃油喷出，如图3-14所示。

4）将喷油器从油轨上拆下，如图3-15所示。

 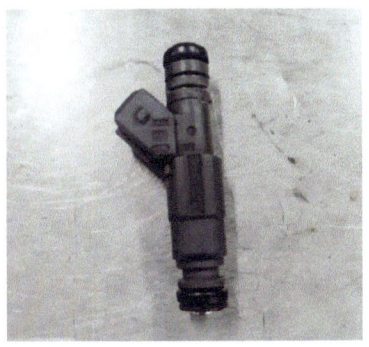

图3-14　蓄电池断电　　　　　　图3-15　拆卸喷油器

5）用化清剂清洗喷油器，始终保持与蓄电池正极连接，如图3-16所示。

 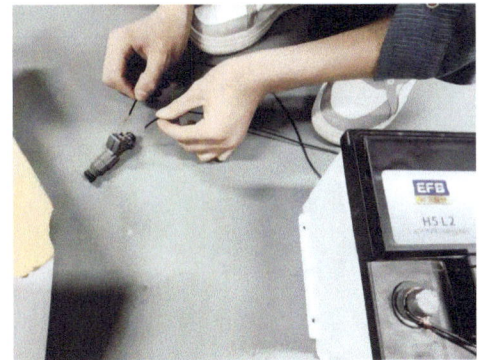

图3-16　清洗喷油器

6）安装油轨时要注意喷油器卡子以及密封圈的位置，如图3-17所示。

清洗完毕后，按照拆卸的逆过程将发动机恢复成原貌，确定无误后，连接蓄电池负极，打着车辆让发动机运行一段时间，检查所拆部位（特别是喷油器密封处）有无渗漏迹象，这期间要适当将发动机转速提升，通过不同供油压力来检查安装情况，如发现有汽油渗漏的情况出现，则要及时更换喷油器密封圈，以免由此引发的起火隐患。

图3-17　安装油轨

五、实践任务

1）喷油继电器、熔丝实车检测。
2）燃油喷射系统关键数据流读取。
3）喷油器维护（免拆洗及更换）。

六、实践计划

1. 分小组

组长：负责操作设计及规范操作，协助总结记录员完成总结报告。
主操作手：负责主要操作。
副操作手：负责协助主操作手并读取数据。
数据记录员：负责对数据进行记录。
数据核对员：负责将实测数据与理论数据进行对比。
总结记录员：负责汇总形成报告。

小组成员分工及故障分析
成员分工
项目分析

2. 实施计划

1）对照实车电路图，找到继电器、熔丝位置并绘制电路图。

2）检测继电器和熔丝的好坏。

3）选择合适的诊断仪测量关键数据流。

4）喷油器的拆卸与检测维护。

七、实践实施

实训数据记录					
姓名			班级		
学号			指导教师		
组员					
汽车 VIN 码					
汽车品牌		汽车车型		汽车年代	
工具选择					
数据记录及结果分析					

八、实践反思

自评、互评、教师点评表

姓名		班级		学号		指导教师		组别	
评分项目		评分内容			分值	个人评分	小组评分	教师评分	
工具、场地准备		场地干净整洁,符合作业要求			5				
		通用及专用工具准备齐全、正确			5				
专业知识学习		学习态度端正,认真积极			5				
工具、设备选择与使用		检测与维修工具、设备选择正确、合适			5				
		工具、设备使用正确,操作规范			10				
操作实施		按照要求实施操作			25				
		操作正确、有序			10				
		零部件拆装无破损			5				
总结报告		数据记录完整,符合实际情况			5				
		实训报告客观、务实			5				
团队协作能力		小组成员分工明确			5				
		团队协作,共同完成实训操作			5				
安全		安全操作,未出现人身危险情况			5				
		工具、设备使用安全,未损坏			5				
总分					100				
组长:					日期:				

九、思考题

1)电子喷射与直接喷射的区别及优缺点对比。

2)油轨泄压如何操作?

小知识:喷油器采用高压喷射,每秒喷射 50 次,以此达到与空气充分均匀混合的目的,这也是精细化管理的一种方式,通过精华细节,提高管理效果。

汽车电气系统检测与维修

项目 4
汽车点火系统检测与维修

项目目标
- 准确掌握汽车点火系统工作原理
- 能用检测设备读取点火系统数据流
- 能识别并构建汽车点火系统电路图

项目任务
- 能掌握点火系统构成部件和工作原理
- 能掌握点火系统电路图

任务1 点火系统控制工作原理

一、任务目标

1）掌握点火系统线路构成部件和工作原理。
2）能绘制点火系统电路图。

二、任务内容

1）掌握点火系统指令传输路径。
2）构建点火系统电路图。

三、安全注意事项

注意个人及设备安全，规范操作。

四、知识提要

1. 点火系统的功用

汽油机工作时，混合气的燃烧是由火花塞的点火来控制的。点火系统的作用是根据发动机的工作状态和顺序，在适当的时间给火花塞提供足够能量的高压电，使其电极间产生火花，点燃混合气，使发动机做功。

2. 点火系统的基本要求

足够的高压电：点火系统需要产生足以击穿火花塞间隙的高压电。这意味着点火系统应有足够的电压来确保火花塞之间可以形成电火花。

足够的能量：火花塞产生的电火花需要有足够的能量。这通常取决于状态，如满负载低速时的 8~10kV，正常点火一般在 15kV 以上，起动时可高达 19kV。为了保证点火可靠性，点火系统所能产生的最高电压必须始终高于火花塞的击穿电压。

点火时间：点火系统应能够根据发动机的不同转速和工况调整点火时间，以适应发动机的最佳工作条件。例如，在发动机起动或急速运转时，可能需要更高的电火花能量。因此，点火系统的点火时刻应能够随着发动机负荷、转速和燃油品质的变化而相应地调整。

综上所述，点火系统的设计不仅要考虑产生足够能量的能力，还要考虑到点火时间的灵活性，以便在不同条件下都能有效地点燃混合气体，从而保持发动机的正常运行和高效率。

3. 点火系统的基本组成

主要由各种传感器、电子控制单元、执行器等部件组成，如图4-1所示。

传感器：主要有曲轴位置传感器、空气流量传感器、冷却液温度传感器、进气温度传感器、氧传感器、节气门位置传感器、车速传感器、爆燃传感器、空调开关信号等。

电子控制单元：用于接收传感器的信号，并进行判断、运算后，作为点火控制组件控制信号以使点火系统获得最佳点火提前角，以及使初级绕组电路获得较长的导通时间。

执行器：主要由点火控制器、点火线圈、火花塞等组成。

相比传统电子点火系统，电子控制单元控制点火系统可使发动机获得较理想的点火提前角，能降低污染，节约燃油，提高发动机转矩，避免工作中产生爆燃而影响发动机平稳运转等优点。

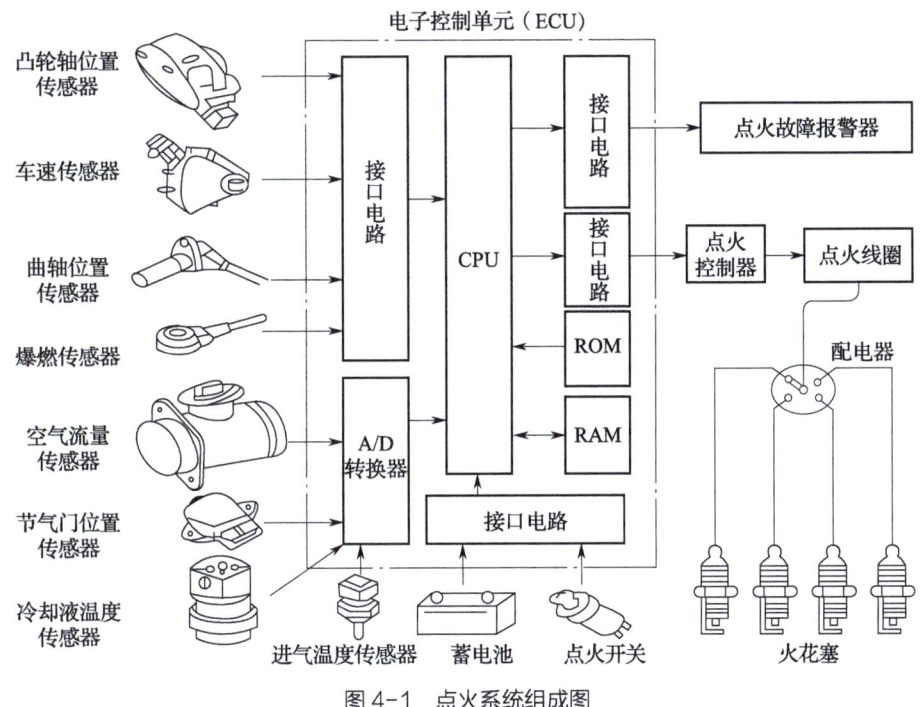

图4-1 点火系统组成图

4. 点火系统的工作原理

在传统点火系统中，蓄电池或发电机供给12V低电压，经点火线圈和断电器转变为高电压，再经配电器分送到各缸火花塞，使电极间产生电火花。

发动机工作时，断电器轴连同凸轮一起在发动机凸轮轴的驱动下旋转。断电器凸轮转动时，断电器触点交替地闭合和打开，因此传统点火系统的工作原理可分为触点闭合，初级电流增长；触点打开，次级绕组产生高压；火花塞电极间火花放电三个阶段进行分析。传统点火系统的工作原理如图 4-2 所示。

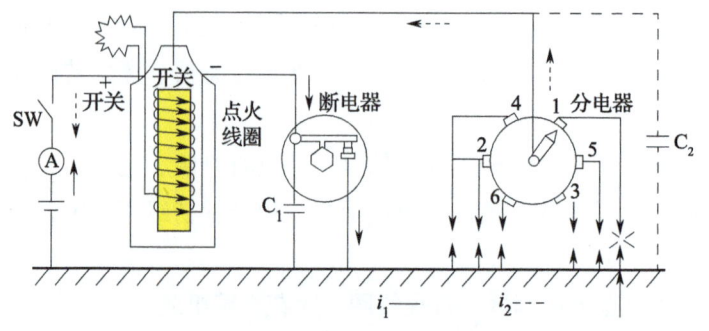

图 4-2　传统点火系统工作原理

（1）触点闭合，初级电流增长的过程

点火系统的初级电路包括蓄电池、点火开关、附加电阻、点火线圈初级绕组、分电器的断电触点及电容器。初级电路等效电路如图 4-3 所示。

触点闭合时，初级电流由蓄电池附加电阻 R_f 流过点火线圈初级绕组 N1，初级电流按指数规律增长，并逐渐趋于极限值 U_B/R_f，初级电流波形如图 4-4a 所示。对汽车上的点火线圈而言，在触点闭合后约 20ms，初级电流就接近于其极限值。

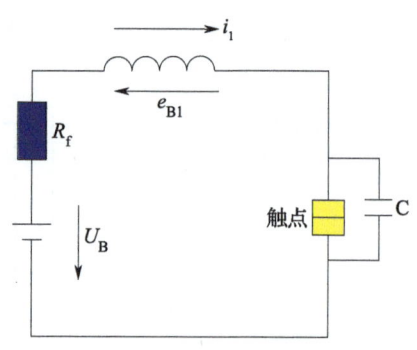

图 4-3　初级电路等效电路图

初级电流增长时，不仅在初级绕组中产生自感电势，同时在次级绕组中也会感出电动势，约为 1.5~2kV，不能击穿火花塞间隙，次级电压波形如图 4-4b 所示。

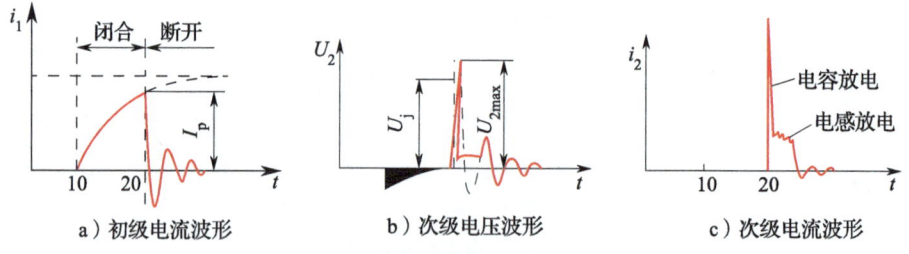

a）初级电流波形　　b）次级电压波形　　c）次级电流波形

图 4-4　传统点火系统工作过程波形图

（2）触点打开，次级绕组产生高压的过程

触点闭合后，初级电流按指数规律增长，当闭合时间增长到 I_p 时，触点被凸轮顶开，I_p 称为初级断电电流。

触点打开后，初级电流 I_p 迅速降到零，磁通也随之迅速减少，如图 4-4a 所示。此时，在初级绕组和次级绕组中都产生感应电动势，初级绕组匝数少，产生 200~300V 的自感电势，次级绕组由于匝数多，产生高达 15~20kV 的互感电势 U_2，如图 4-4b 所示。

触点打开后，初级电路由 L、R、C 组成振荡回路，产生衰减振荡。在次级绕组中的感应电动势也发生相应的变化。如果次级电压值不能击穿火花塞间隙，则 U_2 将按图 4-4b 中虚线变化，在几次振荡之后消失。如果 U_2 升到 U_j 时火花塞间隙被击穿，则电压的变化如图 4-4b 实线所示，U_j 称为击穿电压。

在次级绕组中，高压导线和发动机机体之间，次级绕组匝与匝之间，火花塞中心电极与侧电极之间均有一定的电容，称为分布电容，用 C_2 表示。

实际上有热损失和磁损失。

（3）火花塞电极间火花放电过程

通常火花塞的击穿电压 U_j 总低于 U_{2max}，在这种情况下，当次级电压 U_2 达到 U_j 时，就使火花间隙击穿而形成火花，这时在次级电路中出现 i_2，次级电流波形如图 4-4c 所示。同时次级电压突然下降，如图 4-4b 所示。火花放电一般由电容放电和电感放电两部分组成。所谓电容放电是指火花间隙被击穿时，储存在 C_2 中的电场能迅速释放的过程，其特点是放电时间极短（1μs 左右），但放电电流很大，可达几十安培；跳火以后，火花间隙的电阻减小，线圈磁场的其余能量将沿着电离的火花间隙缓慢放电，形成电感放电，又称火花尾，其特点是放电时间持续较长，达几毫秒，但放电电流较小，几十毫安，放电电压较低，约 600V。实验证明，电感放电持续的时间越长，点火性能越好。

发动机工作期间，断电器凸轮每转一周（曲轴转两周），各缸按点火顺序轮流点火一次。若要停止发动机的工作，只要断开点火开关，切断初级电路即可。

5. 独立点火电子控制单元控制点火系统

如图 4-5 所示为独立点火电子控制单元控制点火系统，独立点火方式中的每一个气缸都有点火线圈，可以在发动机转速很高的时候也拥有较长的通电时间，可以提供足够的点火能量。相对于其他方式的点火系统，在发动机转速与点火能量相同的情况下，独立点火方式的点火系统在单位时间内通过点火线圈触击线圈的电流小得多，因此线圈不易发热，非常适合高转速的发动机。比如当发动机转速达到 9000r/min 时仍能提供足够的高压点火能量。

在独立点火方式的微机控制点火系统工作时，电子控制单元根据各种传感器的信号进行综合计算，最后确定各气缸点火提前角的精确时间，同时向点火模块发出控制指令，由点火控制器直接控制各气缸点火线圈初级电路进行搭铁与断路，由此在次级绕组中产生高压电动势直接传输给火花塞进行点火。与此同时，点火控制器向电子控

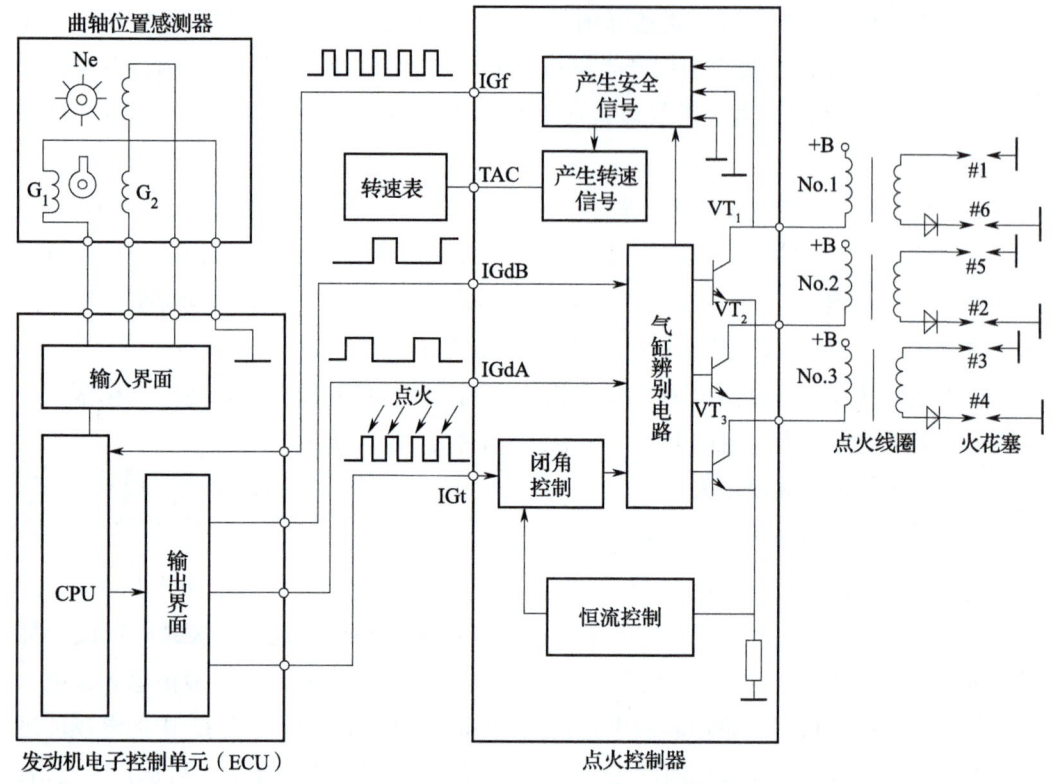

图 4-5 独立点火电子控制单元控制点火系统

制单元反馈点火确认信号。

独立点火方式的点火系统中，点火线圈的体积可以做得非常小巧，一般直接将点火线圈安装在火花塞上，从而省去了与火花塞之间的高压线，大大减少了点火过程中的能量损失。

五、实践任务

1）点火系统继电器、熔丝实车检测并绘制电路图。
2）点火系统关键数据流读取。
3）火花塞的检测与维护。

六、实践计划

1. 分小组

组长：负责操作设计及规范操作，协助总结记录员完成总结报告。
主操作手：负责主要操作。
副操作手：负责协助主操作手并读取数据。

数据记录员：负责对数据进行记录。

数据核对员：负责将实测数据与理论数据进行对比。

总结记录员：负责汇总形成报告。

小组成员分工及故障分析
成员分工
项目分析

2. 实施计划

1）对照实车电路图，找到继电器，熔丝位置并绘制电路图。

2）检测继电器和熔丝的好坏。

3）选择合适的检测仪器测量关键数据流。

4）火花塞的拆卸与检测维护。

七、实践实施

实训数据记录					
姓名			班级		
学号			指导教师		
组员					
汽车 VIN 码					
汽车品牌		汽车车型		汽车年代	
工具选择					
数据记录及结果分析					

八、实践反思

自评、互评、教师点评表

姓名		班级		学号		指导教师		组别	
评分项目		评分内容		分值		个人评分	小组评分	教师评分	
工具、场地准备		场地干净整洁，符合作业要求		5					
		通用及专用工具准备齐全、正确		5					
专业知识学习		学习态度端正，认真积极		5					
工具、设备选择与使用		检测与维修工具、设备选择正确、合适		5					
		工具、设备使用正确，操作规范		10					
操作实施		按照要求实施操作		25					
		操作正确、有序		10					
		零部件拆装无破损		5					
总结报告		数据记录完整，符合实际情况		5					
		实训报告客观、务实		5					
团队协作能力		小组成员分工明确		5					
		团队协作，共同完成实训操作		5					
安全		安全操作，未出现人身危险情况		5					
		工具、设备使用安全，未损坏		5					
总分				100					

组长： 日期：

九、思考题

1）一键点火车型钥匙没电如何起动汽车？

2）新能源汽车（纯电、混动、增程）点火方式。

3）传统机械钥匙点火与无钥匙起动优缺点对比。

小知识：凸轮轴位置传感器、曲轴位置传感器、节气门位置传感器等十余种传感器信号提供发动机点火的数据基础。汽车结构、电气系统检修、检测设备使用方法等知识是汽车行业就业的知识基础。

任务 2　点火系统主要元器件检测与维修

一、任务目标

1）了解汽车点火系统组成部件功用。
2）能正确分析点火系统部件故障。

二、任务内容

掌握点火系统部件故障检修方法。

三、安全注意事项

注意个人及设备安全，规范操作。

四、知识提要

1. 点火系统传感器

点火系统传感器见表 4-1。

表 4-1　点火系统传感器

组成		功能
传感器	空气流量传感器（L 型）	检测进气量（负荷）信号输入 ECU，点火系统的主控制信号
	进气歧管绝对压力传感器（D 型）	
	曲轴位置传感器（N 信号）	检测曲轴转角（转速）信号输入 ECU，点火系统的主控制信号
	凸轮轴位置传感器（G_1、G_2 信号）	检测凸轮轴转角信号输入 ECU，点火系统的主控制信号
	节气门位置传感器	检测节气门开度信号输入 ECU，点火提前角的修正信号
	冷却液温度传感器	检测发动机冷却液温度信号输入 ECU，点火提前角的修正信号
	起动开关	向 ECU 输入发动机正在起动中的信号，点火提前角的修正信号
	空调开关 A/C	向 ECU 输入空调的工作信号，点火提前角的修正信号

（续）

组成		功能
传感器	进气温度传感器	检测进气温度信号输入ECU，点火提前角的修正信号
	空档位置开关	检测P位或N位信号输入ECU，点火提前角的修正信号
	爆燃传感器	检测发动机的爆燃信号输入ECU，点火提前角的修正信号
	发动机负荷信号	检测发动机负荷信号输入ECU，点火提前角的修正信号

2. 发动机ECU

根据传感器输入的信号，发动机ECU计算出最佳点火提前角，并将点火控制信号输送给点火控制器。

3. 点火控制器

根据发动机ECU输出的点火控制信号控制点火线圈初级电路的通断，产生次级高压。同时，向ECU反馈点火确认信号。在发动机ECU控制的独立点火系统中，点火控制器、点火线圈及火花塞组合成一体。

4. 点火线圈

1）点火线圈的工作原理：点火线圈工作方式与普通变压器不一样，普通变压器是连续工作，而点火线圈则是断续工作，它根据发动机不同的转速以不同的频率反复进行储能及放能。

微课视频
点火线圈拆装

当初级绕组接通电源时，随着电流的增长四周产生一个很强的磁场，铁心储存了磁场能；当开关装置使初级绕组电路断开时，初级绕组的磁场迅速衰减，次级绕组就会感应出很高的电压。初级绕组的磁场消失速度越快，电路断开瞬间的电流越大，两个绕组的匝比越大，则次级绕组感应出来的电压越高。

随着汽油发动机向高转速、高压缩比、大功率、低油耗和低排放的方向发展，传统的点火装置已经不适应使用要求。点火装置的核心部件是点火线圈和开关装置，提高点火线圈的能量，火花塞就能产生足够能量的火花，这是点火装置适应现代发动机运行的基本条件。

2）点火线圈的作用是将12V低压电变成30kV的高压电，其结构与自耦变压器相似，所以也称变压器。点火线圈由初级绕组、次级绕组和铁心等组成，如图4-6所示。

在点火系统中，一般将点火线圈初级绕组N1所在的闭合电路称为初级电路（低压电路）。将点火线圈的

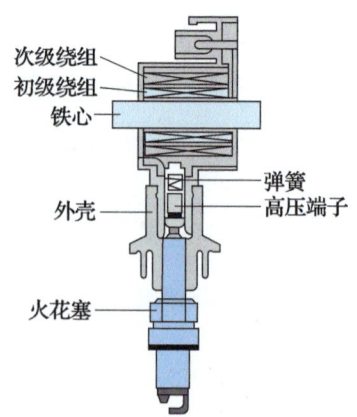

图4-6 点火线圈的组成

次级绕组 N2 所在的闭合电路称为次级电路（高压电路），一般将点火线圈到火花塞的电路称为高压电路。流经初级绕组 N1 的电流为初级电流，一般初级电流为 7~8A，初级电路的电压为电源电压 12V，次级电路的电压为 30kV 左右的高压电。

3）点火线圈的结构，如图 4-7、图 4-8 所示。

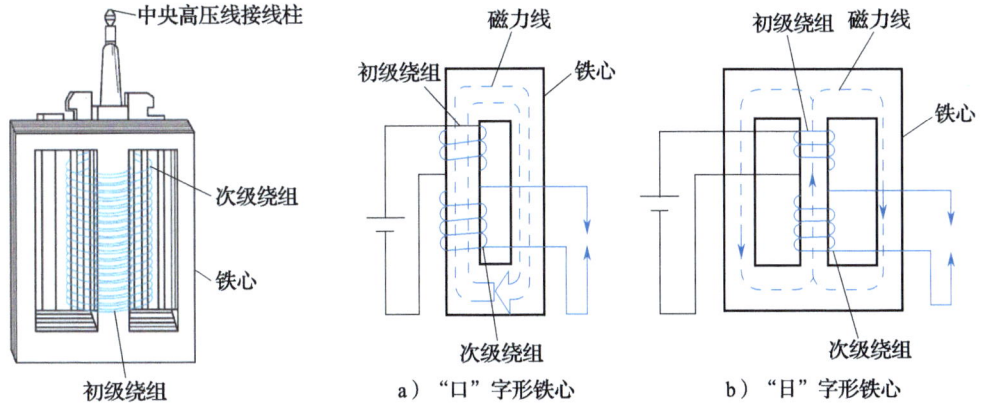

图 4-7 点火线圈的结构　　　　图 4-8 点火线圈的磁路

5. 火花塞

（1）火花塞的构造

如图 4-9 和图 4-10 所示为火花塞的构造，中心电极用镍铬合金制成，具有良好的耐高温、耐腐蚀性能，中心电极做成两段，中间加有导电玻璃，由于导电玻璃和瓷绝缘体的膨胀系数相近，因此，导电玻璃主要是起密封作用。火花塞间隙多为 1.0~1.2mm。

微课视频
火花塞拆装

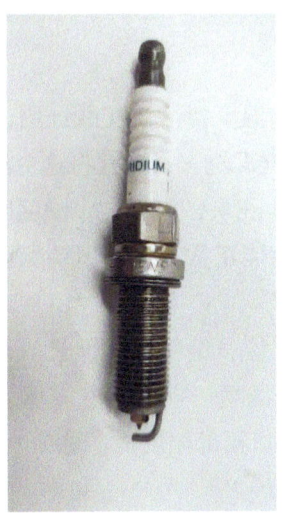

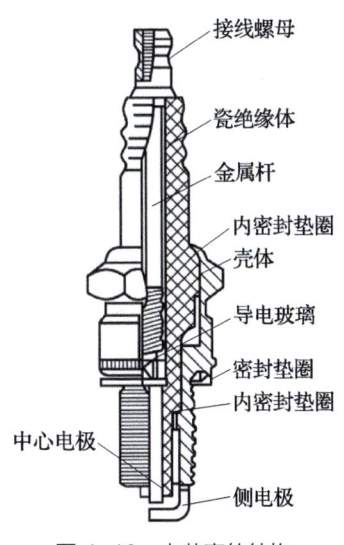

图 4-9 火花塞　　　　图 4-10 火花塞的结构

（2）火花塞功用

点火开关及控制电路、点火线圈有规律地供给足够能量的高电压（约15000~30000V），使火花塞产生火花，点燃可燃混合气。

（3）火花塞类型

火花塞按照热值高低来分，有冷型和热型；按照电极材料来分，有镍合金、银合金和铂合金等。如果更专业地划分，火花塞的类型大体上有如下6种：

1）准型火花塞：其绝缘体裙部略缩入壳体端面，侧电极在壳体端面以外，是使用最广泛的一种。

2）缘体突出型火花塞：绝缘体裙部较长，突出于壳体端面以外。它具有吸热量大、抗污能力好等优点，且能直接受到进气的冷却而降低温度，因而也不易引起炽热点火，故热适应范围宽。

3）电极型火花塞：其电极很细，特点是火道烈，点火能力好，在严寒季节也能保证发动机快速可靠地起动，热范围较宽，能满足多种用途。

4）座型火花塞：其壳体和旋入螺纹制成锥形，因此不用垫圈即可保持良好密封，从而缩小了火花塞体积，对发动机的设计更为有利。

5）极型火花塞：侧电极一般为两个或两个以上，优点是点火可靠，间隙不需经常调整，故在电极容易烧蚀和火花塞间隙不能经常调节的一些汽油机上常采用。

6）面跳火型火花塞：即沿面间隙型，它是一种最冷型的火花塞，其中心电极与壳体端面之间的间隙是同心的。此外，为了抑制汽车点火系统对无线电的干扰，又生产了电阻型和屏蔽型火花塞。电阻型火花塞是在火花塞内装有5~10Ω的陶瓷电阻器。屏蔽型火花塞是利用金属壳体把整个火花塞屏蔽密封起来。屏蔽型火花塞不仅可以防止无线电干扰，还可用于防水、防爆的场合。

（4）火花塞的热特性

火花塞的热特性是指火花塞下部（裙部）的温度特性。实践证明，火花塞裙部温度保持在500~600℃时，落在绝缘体上的油滴能立即烧去，通常将这个温度称为火花塞的"自净温度"。低于这个温度时，火花塞易产生积炭，高于这个温度时，在火花塞表面易产生炽热点，形成早燃。因此，要使火花塞能正常工作，就要保证火花塞的裙部温度为自净温度。

火花塞的热特性主要决定于绝缘体裙部的长度，绝缘体裙部长的火花塞，其受热面积大，传热距离长，散热困难，裙部温度高，称为"热型"火花塞。反之，裙部短的火花塞，吸热面积小，传热距离短，散热容易，裙部温度低，称为"冷型"火花塞，如图4-11所示。

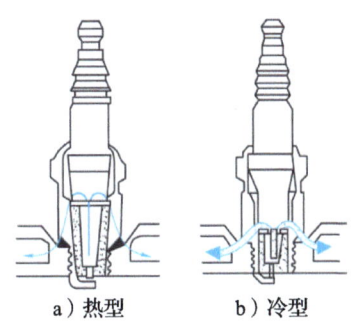

图 4-11　火花塞热特性

a）热型　　b）冷型

6. 发动机 ECU 控制点火系统的控制内容

（1）点火提前角的控制

1）发动机起动时，点火提前角固定，与发动机的其他信号无关。

2）发动机正常工作时，发动机 ECU 根据发动机的转速和负荷信号，确定基本点火提前角。然后 ECU 根据得到的修正信号对点火提前角进行修正，确定实际的最佳点火提前角。

（2）通电时间的控制

发动机 ECU 能准确控制初级绕组的最佳通电时间，保证在任何车速下初级电流都能达到规定值 7A。这样既能改善点火性能，又能防止初级电流过大而烧坏点火线圈。

（3）爆燃控制

爆燃传感器安装在气缸体上，其原理是利用压电晶体的压电效应，把爆燃时传到气缸体上的机械振动转换成电压信号输入发动机 ECU，爆燃强，推迟点火的角度大。爆燃弱，推迟点火的角度小。每次调整都以一固定的角度递减，直到爆燃消失为止。而后又以一固定的角度提前，当发动机再次出现爆燃时 ECU 又使点火提前角再次推迟，调整过程如此反复。

五、实践任务

识别点火系统部件并拆卸检查火花塞性能。

六、实践计划

1. 分小组

组长：负责操作设计及规范操作，协助总结记录员完成总结报告。

主操作手：负责主要操作。

副操作手：负责协助主操作手并读取数据。

数据记录员：负责对数据进行记录。

数据核对员：负责将实测数据与理论数据进行对比。

总结记录员：负责汇总形成报告。

小组成员分工及故障分析
成员分工
项目分析

2. 实施计划

1）识别点火系统组成部件。

2）选择合适工具。

3）拆卸各个缸体火花塞。

4）利用塞尺检查火花塞品质。

5）选择修复或更换火花塞。

6）进行火花塞装配。

七、实践实施

实训数据记录					
姓名			班级		
学号			指导教师		
组员					
汽车 VIN 码					
汽车品牌		汽车车型		汽车年代	
工具选择					
数据记录及结果分析					

八、实践反思

自评、互评、教师点评表

姓名		班级		学号		指导教师		组别	
评分项目		评分内容		分值		个人评分	小组评分	教师评分	
工具、场地准备		场地干净整洁，符合作业要求		5					
		通用及专用工具准备齐全、正确		5					
专业知识学习		学习态度端正，认真积极		5					
工具、设备选择与使用		检测与维修工具、设备选择正确、合适		5					
		工具、设备使用正确，操作规范		10					
操作实施		按照要求实施操作		25					
		操作正确、有序		10					
		零部件拆装无破损		5					
总结报告		数据记录完整，符合实际情况		5					
		实训报告客观、务实		5					
团队协作能力		小组成员分工明确		5					
		团队协作，共同完成实训操作		5					
安全		安全操作，未出现人身危险情况		5					
		工具、设备使用安全，未损坏		5					
总分				100					

组长：　　　　　　　　　　　　日期：

九、思考题

1）点火系统的输入信号由哪几种传感器提供？

2）如何判断火花塞是否能继续使用？

小知识： 变压器原理实现了高压点火，同时也实现了西电东送工程，将西部地区资源优势转化为经济优势，促进了东西部地区的共同发展。

任务 3　点火系统故障诊断与排除

一、任务目标

能对点火系统故障进行检修。

二、任务内容

掌握点火系统故障检修方法。

三、安全注意事项

注意个人及设备安全,规范操作。

四、知识提要

点火系统是汽油机的一个主要系统,点火系统工作情况的好坏直接影响着发动机的性能,因此具有可靠、准确的点火系统是人们追求的目标。然而,点火系统随着运行时间的增加,也会出现诸多故障。点火系统的常见故障一般有发动机点火系统的点火时间过早、点火过迟、火花塞故障、发动机回火和放炮、发动机爆燃、发动机不能起动、发动机运转不平稳和发动机功率下降、油耗增大、加速不良、点火时间不当、个别缸不点火等。

1. 点火时间过早故障维修

故障现象:怠速运转不平稳,易熄火;加速时,发动机有严重的爆燃声。
故障分析:该故障主要是点火正时调整失准或点火角度装配失准所致。
排除方法:连好点火测试仪,调整点火提前角到规定值。

2. 点火过迟故障维修

故障现象:消声器声响沉重、发动机冷却液温度较高、汽车行驶无力。
故障分析:点火角度不正确。
排除方法:调整点火角度至规定值。

3. 火花塞故障维修

故障现象:火花塞积炭、油污和过热等现象。
火花塞积炭:绝缘体端部、电极及火花塞壳常覆盖着一层相当厚的黑灰色粉状柔软的积垢。

火花塞油污：绝缘体端部、电极及火花塞壳覆盖一层机油。

火花塞过热：中心电极熔化，绝缘体顶部疏松、松软，绝缘体端大部分呈灰白色硬皮。

火花塞出现积炭、油污和过热时，查明原因，及时更换清理。

4. 发动机回火和放炮故障维修

如果发动机既有回火又有放炮声，且十分严重，则多是因为分缸高压线插错引起的。如果现象不严重，却断续发生，似有规律，则多是因为分电器盖有裂纹，使缸间蹿火造成的。点火提前角偏离正确位置过多时，也会引起回火或排气管放炮。

5. 发动机爆燃和过热维修

发动机在大负荷中等转速时最容易出现爆燃。在使用燃油牌号正确的情况下，爆燃现象多数是因为点火提前角过大造成的。在爆燃情况下，发动机会迅速升温。另一方面，点火提前角过于落后，点火过迟，发动机温度也会过高。在不出现爆燃的情况下，水温过高多数不是点火系引起的，但若伴有发动机无力，加速不灵敏时，则应检查点火提前角是否过小。检查汽油牌号，调整好正确的点火提前角，故障得以排除。

6. 发动机不能起动

故障部位：点火开关至分电器间电路，电流表，点火开关，断电器，电容器，传感器，点火控制器，分电器盖或分火头，高压导线，火花塞，分电器，分缸线。

故障原因：有短路、断路、接触不良处，电流表、点火开关损坏，点火线圈损坏，附加电阻断路，触点氧化、烧蚀，固定触点搭铁不良，连线断路、搭铁，触点间隙过大、过小、损坏，传感器线圈短路、断路、搭铁，转子凸轮与铁心间隙不当，霍尔元件损坏，漏电或断路，积炭或油污，间隙过大、过小，漏电，分电器安装位置有误，分缸线位置插错。

排除方法：检查、紧固、更换导线，清洁或修理加强搭铁，清洁或更换热特性适当的火花塞，调整后重新对点火定时，重新配线。

7. 发动机运转不稳定

故障部位：点火正时，火花塞，高压导线。

故障原因：点火正时调整不当，点火提前角调节装置故障，分电器轴松旷，断电器凸轮磨损不均，个别缸火花塞绝缘损坏或积炭，个别分缸线损坏、漏电。

排除方法：重新对点火定时，修理或更换分电器，更换分电器，更换火花塞。

8. 发动机功率下降、油耗增大、加速不良

故障部位：点火正时，断电器。

故障原因：点火正时调整不当，点火提前角调节装置故障，触点间隙过大。
排除方法：重新对点火正时，维修或更换分电器。

五、实践任务

对点火系统进行故障检修。

六、实践计划

1. 分小组

组长：负责操作设计及规范操作，协助总结记录员完成总结报告。
主操作手：负责主要操作。
副操作手：负责协助主操作手并读取数据。
数据记录员：负责对数据进行记录。
数据核对员：负责将实测数据与理论数据进行对比。
总结记录员：负责汇总形成报告。

小组成员分工及故障分析
成员分工
项目分析

2. 实施计划

1）检查点火系统。

2）发现故障现象。

3）查找故障原因。

4）对故障点进行检修。

七、实践实施

实训数据记录					
姓名			班级		
学号			指导教师		
组员					
汽车 VIN 码					
汽车品牌		汽车车型		汽车年代	
工具选择					
数据记录及结果分析					

八、实践反思

自评、互评、教师点评表

姓名		班级		学号		指导教师		组别	
评分项目		评分内容			分值	个人评分	小组评分	教师评分	
工具、场地准备		场地干净整洁，符合作业要求			5				
		通用及专用工具准备齐全、正确			5				
专业知识学习		学习态度端正，认真积极			5				
工具、设备选择与使用		检测与维修工具、设备选择正确、合适			5				
		工具、设备使用正确，操作规范			10				
操作实施		按照要求实施操作			25				
		操作正确、有序			10				
		零部件拆装无破损			5				
总结报告		数据记录完整，符合实际情况			5				
		实训报告客观、务实			5				
团队协作能力		小组成员分工明确			5				
		团队协作，共同完成实训操作			5				
安全		安全操作，未出现人身危险情况			5				
		工具、设备使用安全，未损坏			5				
总分					100				

组长： 日期：

九、思考题

1）汽车点火系统常见故障有哪些？

2）如何对发动机异常抖动现象进行检修？

小知识：燃油长期不完全燃烧导致火花塞积炭，清理不及时会影响缸体正常工作；工具使用不归位会导致器具遗失。

汽车电气系统检测
与维修

项目 5
汽车空气供给系统检测与维修

项目目标
- 对整个进气系统的结构有清晰的认知与了解
- 掌握进气系统的工作原理（能理解电路图的前后逻辑）
- 能用相关设备读取电路数据

项目任务
- 进气系统构建认知（栅格、空气滤清器、节气门、进排气歧管）
- 节气门电路逻辑及数据读取

任务 1　空气供给系统结构组成认知

一、任务目标

1）掌握空气供给系统构件、功能、类型、原理。
2）掌握空气供给系统逻辑及节气门电路。

二、任务内容

空气供给系统的构件、功能、类型及原理。

三、安全注意事项

注意个人及设备安全，规范操作。

四、知识提要

1. 空气供给系统的组成

空气供给系统由两部分组成，一部分是硬件，一部分是固件（即四个传感器）。

（1）硬件组成

空气供给系统的硬件组成包括空气滤清器、进气道、节气门体（节气门）、进气总管、进气歧管。广义还包括接口件，即进气门和燃烧室。一般节气门后带有进气谐波增压子系统，其可通过改变长度、截面积、容积大小实现进气谐波增压。怠速控制子系统可通过调节进气量实现怠速控制。

（2）固件组成

空气供给系统的固件组成包括感知进气量的装置、感知节气门开度和变化状态的装置、感知进气温度的装置、感知发动机温度的装置。即空气流量传感器、节气门位置传感器、进气温度传感器、冷却液温度传感器。固件就是产生信号的装置，固件既属于空气供给系统又属于电子控制系统，所以是接口件。它在故障诊断中起到"指针"的作用。

2. 空气供给系统各部件的功能、分类、原理

1）进气格栅：进气第一关，一般设计的美观有特色，会在进气量与空气阻力之间做一个最佳权衡，同时保护散热器、发动机舱内的部件避免受到外物撞击，如图 5-1 所示。

2）空气滤清器：进气第二关，起到净化空气的作用，发动机在工作过程中要吸进大量的空气，空气中含有很多灰尘颗粒。如果没有经过空气滤清器过滤，会造成活塞组及气缸的加速磨损，如果较大的颗粒进入活塞与气缸之间，还可能会造成拉缸现象。空气滤清器滤芯如图 5-2 所示。

图 5-1　进气格栅　　　　图 5-2　空气滤清器滤芯　　微课视频 空气滤清器拆装

3）节气门体：进气第三关，是控制空气进入发动机的一道可控阀门，起到精准控制进气量的作用，气体进入进气管后会和汽油混合成可燃混合气，从而燃烧做功。节气门体上接空气滤清器，下接发动机缸体，被称为汽车发动机的咽喉。让汽车动力充足的同时具备良好的经济性，节气门体有机械式、电子式、步进电机式、直流伺服电机式等类型。其中步进电机式节气门是通过步进电机直接驱动节气门轴实现节气门的开度控制；驱动步进电机通常采用桥式电路结构，控制单元通过发出的脉冲个数、频率和方向控制电平对步进电机进行控制。直流伺服电机式节气门采用脉冲宽度调制（PWM）技术，其特点是频率高、效率高、功率密度高、可靠性高，控制单元通过调节脉宽调制信号的占空比来控制直流电机转角的大小。

4）进气歧管：进气最终关，具有二段可变、三段可变等类型。发动机进气歧管位于节气门与发动机进气门之间，是节气门体之后到气缸盖进气道之前的进气管路。发动机进气歧管的功能是将空气和燃油混合气由节气门体分配到各缸进气道。进气歧管如图 5-3 所示。

图 5-3　进气歧管

微课视频 节气门体拆装

149

3. 电子节气门

1）工作原理。电子节气门技术替换了传统加速踏板和节气门体之间的机械连接，通过导线使加速踏板与节气门建立联系，可以改善发动机控制，避免因驾驶人不当操作加速踏板产生不良后果。它通过增加相应的传感器和电控单元，实时精确控制了节气门开度。它可实现发动机转矩控制和精确空燃比控制，有助于提高汽车行驶的动力性、平稳性、经济性，并能有效降低排放污染，如图5-4所示。

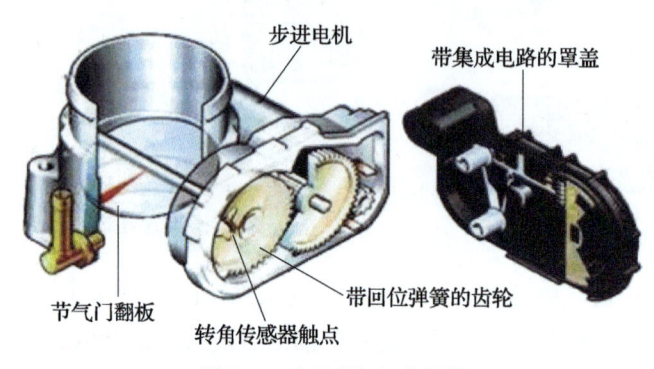

图5-4 电子节气门分解图

在传统的发动机设计方案中，节气门的位置主要是通过1个机械连杆机构（鲍顿拉索）来控制的，其中还包括弹簧、带轮以及其他的一些零件。鲍顿拉索长时间以来都很好地发挥了它的作用，但是也有很多不足：①噪声较大；②它包含有多根钢丝，钢丝的2个末端分别与加速踏板和节气门阀片相连接，所以必须将许多零部件布置在1个非常狭小的空间内；③由于整个操作过程都是通过机械连杆机构来完成，因此，从驾驶人通过踩下加速踏板发出操作指令到执行机构做出响应就会出现时间滞后，这样就会导致驾驶人所期望的最好燃油经济性能和排放性能与发动机实际实现的往往并不一样。

2）电子节气门控制系统组成包括节气门、节气门位置传感器、节气门电子控制单元、节气门执行器（直流电机）、节气门指示灯以及加速踏板位置传感器等，所有用于确定、调整和监控节气门位置的零部件都属于电子节气门系统。

4. 加速踏板位置传感器

电子节气门是在加速踏板上设置位置传感器，取代了加速踏板与节气门之间的机械连接，它可以检测加速踏板被驾驶人踩下的位置，将此信号转变为电信号传输给控制单元，所以它也被称为线控操纵。加速踏板位置传感器实质上就是一个电位计或可变电阻，控制单元向线圈的一端供给5V基准电压，当驾驶人踩下加速踏板时，与线圈接触的滑臂沿圆弧转动，从而改变了基准电压输入端与滑臂触点之间的电阻值，滑臂触点的分电压就反映了加速踏板的位置。它的结构原理，如图5-5所示。

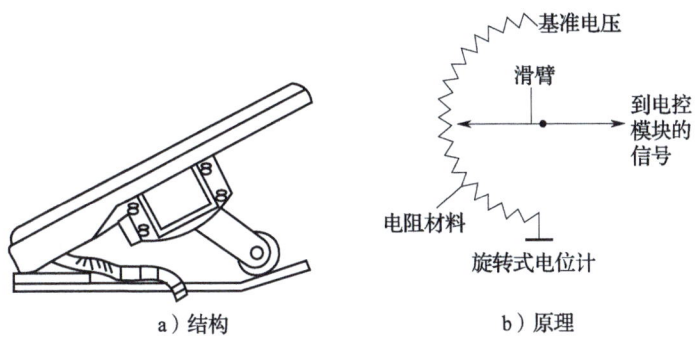

图 5-5 加速踏板位置传感器

5. 节气门位置传感器

节气门位置传感器又称为节气门开度传感器。其主要功用是检测出发动机是处于怠速工况还是负荷工况，是加速工况还是减速工况。发动机电控单元根据节气门位置传感器的输出信号可以确定发动机的负荷。它安装在节气门体上，根据传感器的输出特性分为通断输出和线性输出两种类型。

（1）通断型节气门位置传感器

通断型节气门位置传感器的结构和特性如图 5-6 所示。内部有怠速触点（IDL）、大负荷触点（PSW）和动触点，动触点受节气门轴驱动，动触点由控制单元供给 5V 的基准电压。当节气门完全关闭时，动触点与怠速触点闭合，IDL 信号输出高电平，表明发动机处于怠速工况。当节气门处于完全闭合至 50% 开度时，动触点悬空，IDL 和 PSW 都输出低电平；当节气开度超过 50% 时，动触点与大负荷触点闭合，PSW 信号输出高电平，表明发动机处于大负荷工况。

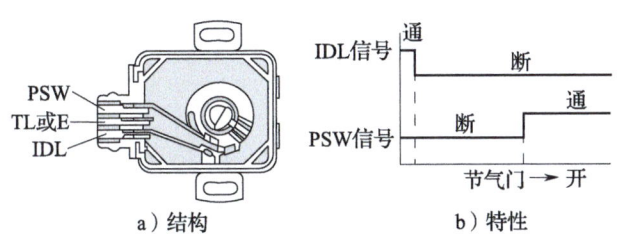

图 5-6 通断型节气门位置传感器

（2）线性输出节气门位置传感器

线性输出节气门位置传感器的结构和特性如图 5-7 所示，它实际上就是节气门轴驱动滑臂的电位计。滑臂上有连通的双触点与基板上制出的双轨厚膜电阻接触，由滑臂触点将两个厚膜电阻短接，在一个厚膜电阻的一端由控制单元供给 5V 基准电压。当滑臂随节气门轴转动时，双轨厚膜电阻之间的电阻值发生改变，由另一个厚膜电阻的一端输出的电压就与节气门开度呈线性关系。

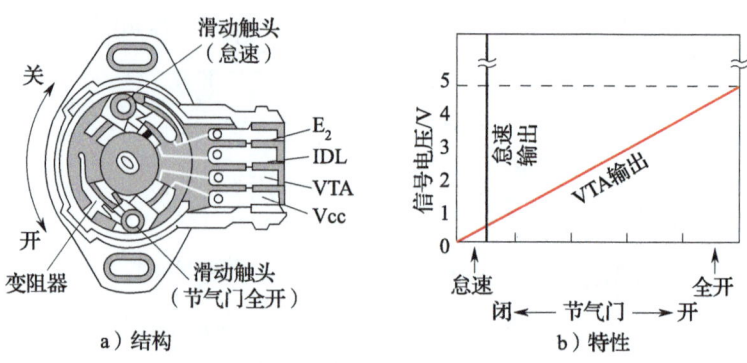

图 5-7　线性输出节气门位置传感器

6. 怠速开关

怠速开关（图 5-8）装在节气门体内，与节气门主驱动轴直接相连。它是触点式开关，仅当节气门主驱动机构复位时，该触点开关才闭合，通知发动机控制模块发动机进入怠速工况。发动机 ECU 根据该信号及发动机的负荷来调整怠速供油量和发动机转速；当节气门打开时，怠速触点开关断开，发动机 ECU 根据这一信号进行从怠速到小负荷的过渡工况的喷油控制。怠速开关的信号还可以作为发动机控制模块判断是否进行怠速自动控制和急减速断油控制的信号。

7. 怠速直流电动机

怠速直流电动机如图 5-9 所示。当发动机怠速运行时，或因发动机冷却液温度低、空调运转、动力转向的加入等原因使发动机负荷增大时，为使发动机怠速稳定，怠速直流电动机经一套齿轮机构推动节气门，加大其开度来增加发动机的进气量，提高发动机的转速；相反，在发动机怠速下减载时，在怠速直流电动机的作用下，使节气的开度减小，以避免发动机超速，从而保证发动机在怠速工况下运行稳定。

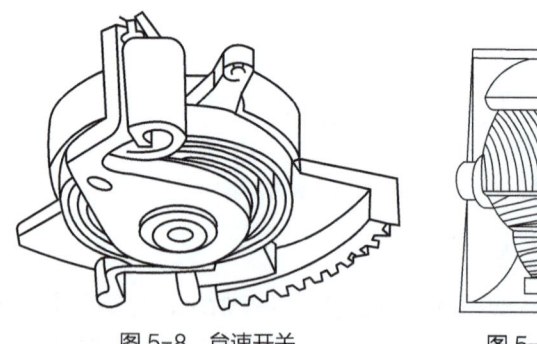

图 5-8　怠速开关　　　　　图 5-9　怠速直流电动机

8. 电子节气门控制系统的优缺点

（1）优点

电子节气门控制系统与传统的普通节气门相比有许多优越之处，主要表现在：

1)减少了机械故障,操纵更方便。电子节气门控制系统没有拉线,节气门踏板与节气门之间是电控,而不是机械控制,因此没有机械磨损,减少了机械故障。

2)实现发动机全范围的最佳转矩的输出,并且能精确控制节气门开度。

3)节省燃料,改善了发动机的排放性能。电子节气门控制系统在各种情况下对空燃比进行精确控制,使燃烧更加充分,同时也降低了废气的产生;在急速状态下,节气门保持在一个极小开启角度来稳定燃烧,提高了燃油经济性,排放也得到进一步控制。

4)具有更高的车辆行驶可靠性。

(2)缺点

主要表现在以下几点:

1)汽车在起步时会产生油迟滞现象。

2)非线性影响。电子节气门控制系统存在各种非线性影响,除了弹簧非线性、黏滑摩擦及齿隙非线性等影响外,同时受到进气流产生的非线性阻尼力以及进气气流的不稳定扰流阻矩的影响,导致常规 PID 控制不能精确地设定反馈的增益,影响控制的精确性。

3)成本高。电子节气门控制系统采用了智能型传感器、快速响应的执行器、高性能控制单元及冗余设计,所以使成本大幅度上升。

9. 节气门开度的控制逻辑

如图 5-10 所示。

10. 节气门积炭形成原因

1)主要来自机油蒸气,其次是空气中的微粒和水分,就是说在使用合格空气滤清器且去掉曲轴箱通风管的情况下,节气门脏污速度会慢很多。

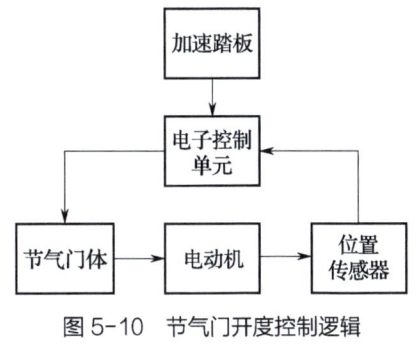

图 5-10 节气门开度控制逻辑

2)曲轴箱内置曲轴,下边连接油底壳,这部分的工作温度在 100~180℃之间,机油在使用中会受热挥发,使用时间越长,温度越高,挥发越强,加上气缸压缩气多少会通过活塞环的缝隙挤压到曲轴箱里,所以必须有一个通道放掉气体,否则油底壳会形成正压。

3)曲轴箱通风管连接到节气门的原因一方面是环保要求,另一方面是靠进气的负压从曲轴箱抽出气体,含油蒸气到达进气管时变冷,其中的油会凝结在进气道和节气门上,随之蒸气中夹杂的积炭也会沉积在这些部位,因为节气门开启的缝隙空气流量大,空间小,气体温度也低,所以这部分最容易凝结。

11. 发动机积炭症状

1)冷车多次不易起动,热车正常。

2)发动机怠速不稳,忽高忽低。
3)加空油时,感觉加速不畅,有发闷的现象。
4)行驶无力,尤其表现在超车时候,提速反应慢,无法达到原车动力。
5)尾气刺鼻,刺眼,严重超标。
6)油耗增加。

五、实践任务

1)绘制节气门开关控制逻辑图(电源、控制器、用电设备、导线),选择实物对比。
2)空气滤清器的更换。
3)进气歧管、发动机舱盖、空气滤清器外壳拆除、更换、复位。

六、实践计划

分小组

组长:负责操作设计及规范操作,协助总结记录员完成总结报告。
主操作手:负责主要操作。
副操作手:负责协助主操作手并读取数据。
数据记录员:负责对数据进行记录。
数据核对员:负责将实测数据与理论数据进行对比。
总结记录员:负责汇总形成报告。

小组成员分工及故障分析
成员分工
项目分析

七、实践实施

实训数据记录					
姓名			班级		
学号			指导教师		
组员					
汽车 VIN 码					
汽车品牌		汽车车型		汽车年代	
工具选择					
数据记录及结果分析					

八、实践反思

自评、互评、教师点评表

姓名		班级		学号		指导教师		组别	
评分项目		评分内容				分值	个人评分	小组评分	教师评分
工具、场地准备		场地干净整洁,符合作业要求				5			
工具、场地准备		通用及专用工具准备齐全、正确				5			
专业知识学习		学习态度端正,认真积极				5			
工具、设备选择与使用		检测与维修工具、设备选择正确、合适				5			
工具、设备选择与使用		工具、设备使用正确,操作规范				10			
操作实施		按照要求实施操作				25			
操作实施		操作正确、有序				10			
操作实施		零部件拆装无破损				5			
总结报告		数据记录完整,符合实际情况				5			
总结报告		实训报告客观、务实				5			
团队协作能力		小组成员分工明确				5			
团队协作能力		团队协作,共同完成实训操作				5			
安全		安全操作,未出现人身危险情况				5			
安全		工具、设备使用安全,未损坏				5			
总分						100			
组长:						日期:			

九、思考题

1）节气门位置传感器为何需要两个？

2）汽车通电，节气门阻风门为何翻转？

3）节气门自适应系统功能的作用及复位操作流程。

小知识：注意设备使用安全，及时清理进气系统杂物，防止进气系统堵塞导致发动机不做功。

任务 2　空气供给系统主要元器件检测与维修

一、任务目标

1）了解汽车空气供给系统电路基本组成。
2）能正确连接空气供给系统基础电路。

二、任务内容

掌握空气供给系统主要元器件检测方法。

三、安全注意事项

注意个人及设备安全，规范操作。

四、知识提要

1. 空气供给系统的作用

（1）主要作用

空气供给系统的主要作用是过滤清洁空气，提高进气效率，根据发动机不同工况调节进气量，并为发动机电子控制系统提供输入信号。

（2）辅助作用

空气供给系统的辅助作用是为其他关联系统提供真空能、输入信号或接口（输入）。比如为制动系统的真空助力泵提供真空能，为燃油箱蒸发控制系统提供输入接口，为曲轴箱通风提供接口等。根据空气供给系统的作用，我们在汽车故障诊断时应该考虑到其他相关系统对空气供给系统的影响。

2. 空气供给系统的故障诊断

空气供给系统本身的故障体现为脏污、磨损、漏气，以及相关系统对空气供给系统的干扰（真空能的改变、输入量或输入成分的改变）。其相关联的系统是曲轴箱通风系统、废气再循环系统、燃油蒸发系统、制动真空助力系统等。换句话说，如果空气供给系统不脏污、不磨损、不漏气，那么，空气供给系统本身就正常。如果相关系统正常，那么对空气供给系统不产生影响，诊断时必须考虑相关系统对空气供给系统的干扰。

（1）空气供给系统硬件故障的检测方法

1）空气滤清器。空气滤清器的故障体现为脏污。采用摘除方法，如果故障现象减弱或消除，即更换空气滤清器。

2）节气门。节气门的故障体现为脏污或磨损。先证明是怠速控制状态，如果怠速正常，则视为不脏污、不磨损，如果怠速不正常，诊断怠速控制系统，清洗、调整设定或更换。

3）进气道、进气总管、进气歧管。进气道、进气总管和进气歧管的故障体现为漏气。对于漏气，可采用易燃的化油器清洗剂检查漏气部位，如果发动机转速有变化，表明漏气，漏气对信号会产生失真效应。

（2）空气供给系统固件故障的检测方法

1）概述。空气供给系统传感器本身的故障体现为无信号输出或输出信号失真。

传感器自诊断功能是通过对信号进行监测和诊断，由电控单元软件实现的。当判断为故障时，采用故障码方式存储。出现故障码时，采用假设值（固定）、替代值（变化）、后备功能方法完成使用。

2）传感器的实验方法。空气供给系统传感器的故障体现为无信号输出、输出信号失真。所以四个信号，即空气流量传感器信号、节气门位置传感器信号、进气温度传感器信号、冷却液温度传感器信号试验方法相同。

试验目的是确定系统输入和输出的逻辑关系，确定输入信号对主系统或输出信号实现的功能。或通过改变试验条件，用不同规范对比方法确定信号输入是否正确。

具体试验方法有开路法、短路法、旁路法、替代法等。

①开路法：断开传感器插接器，让信号线处于无信号输入状态，主系统（发动机）工作时，观察自诊断数据流或发动机输出变化现象。

②短路法：断开传感器插接器，人为给信号线输入个干扰信号，主系统（发动机）工作。观察自诊断数据流或发动机输出变化现象。

③旁路法："拆下"传感器，人为触发或感知传感器，使输入信号失真，主系统（发动机）工作。观察自诊断数据流或发动机输出变化现象。

④替代法：用已知正确的传感器来代替怀疑传感器的方法。对比观察自诊断数据流或发动机输出变化现象。

空气供给系统的传感器既然是电子元件，那么，一样可以采用测量方法进行诊断。测量仪器有试灯、万用表、示波器等。也可以通过故障码和数据流进行逻辑分析，进行诊断。

五、实践任务

1）对空气供给系统进行结构认识和故障诊断。

汽车电气系统检测与维修

2）检查空气供给系统各传感器电压值。
3）清洗节气门。

六、实践计划

1. 分小组

组长：负责操作设计及规范操作，协助总结记录员完成总结报告。
主操作手：负责主要操作。
副操作手：负责协助主操作手并读取数据。
数据记录员：负责对数据进行记录。
数据核对员：负责将实测数据与理论数据进行对比。
总结记录员：负责汇总形成报告。

小组成员分工及故障分析
成员分工
项目分析

2. 实施计划

1）识别空气供给系统结构部件。
2）选择合适的检测工具。
3）检测空气供给系统各传感器电压。
4）对节气门进行清洗。

七、实践实施

实训数据记录				
姓名		班级		
学号		指导教师		
组员				
汽车 VIN 码				
汽车品牌		汽车车型		汽车年代
工具选择				
数据记录及结果分析				

八、实践反思

自评、互评、教师点评表

姓名		班级		学号		指导教师		组别	
评分项目		评分内容				分值	个人评分	小组评分	教师评分
工具、场地准备		场地干净整洁，符合作业要求				5			
工具、场地准备		通用及专用工具准备齐全、正确				5			
专业知识学习		学习态度端正，认真积极				5			
工具、设备选择与使用		检测与维修工具、设备选择正确、合适				5			
工具、设备选择与使用		工具、设备使用正确，操作规范				10			
操作实施		按照要求实施操作				25			
操作实施		操作正确、有序				10			
操作实施		零部件拆装无破损				5			
总结报告		数据记录完整，符合实际情况				5			
总结报告		实训报告客观、务实				5			
团队协作能力		小组成员分工明确				5			
团队协作能力		团队协作，共同完成实训操作				5			
安全		安全操作，未出现人身危险情况				5			
安全		工具、设备使用安全，未损坏				5			
总分						100			

组长：　　　　　　　　　　　　　　日期：

九、思考题

1）空气供给系统由哪几部分组成？

2）如何判断节气门故障？

3）如何对节气门进行清洗？

小知识： 进行传感器插拔时注意其卡扣位置，卡接处多为一次性卡扣，损坏后难以复位。

汽车电气系统检测与维修

项目 6
汽车照明及信号系统检测与维修

项目目标
- 了解汽车照明及信号系统结构
- 掌握汽车照明及信号系统的控制原理
- 能对汽车照明及信号系统进行故障检修

项目任务
- 掌握汽车照明及信号系统结构
- 能对汽车照明及信号系统进行故障检修

任务 1　汽车照明及信号系统结构及应用

一、任务目标
1）了解汽车照明及信号系统结构。
2）掌握汽车灯光的检测方法。

二、任务内容
能对汽车灯光及信号灯进行检测。

三、安全注意事项
注意个人及设备安全，规范操作。

四、知识提要

1. 汽车照明系统组成
汽车照明系统主要包括电源、照明设备、灯光控制开关等部分。

照明设备主要由前照灯、雾灯、尾灯、牌照灯、仪表灯、室内灯等组成，见表6-1。

表6-1　汽车照明系统分类

种类	外照明灯			内照明灯		
	前照灯	雾灯	牌照灯	顶灯	仪表灯	行李舱灯
安装位置	汽车头部侧有两灯、四灯	汽车头部、尾部	汽车尾牌照上方或左右	汽车内部	汽车仪表板内部	行李舱内部
工作时的特点	白色常亮远近光变化	黄色或白色单丝常亮	白色常亮	白色常亮	白色常亮	白色常亮
功率	40~60W	前45W 后21W或6W	5~10W	5~15W	2W	5W
用途	为驾驶人安全行车提供保障	雨、雪、雾天保证有效照明及提供信号	用于照亮汽车车尾部牌照	用于夜间车内照明	用于夜间观察仪表时的照明	用于夜间拿取行李物品时的照明

2. 汽车信号系统组成

汽车信号系统主要用于指示其他车辆或行人。主要包括转向灯、雾灯、示廓灯、倒车灯、电喇叭等。

3. 汽车灯光及信号灯控制

1）旋钮式雾灯开关，如图 6-1 所示。

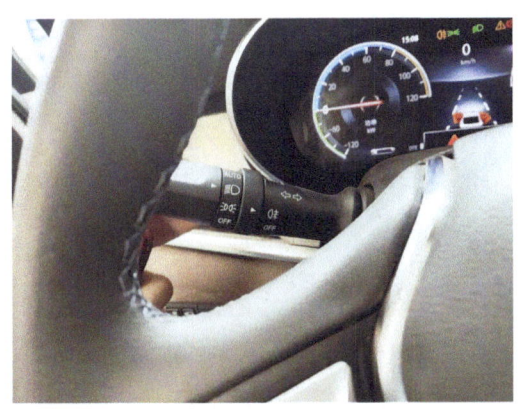

图 6-1　旋钮式雾灯开关

2）按键式雾灯开关，如图 6-2 所示。

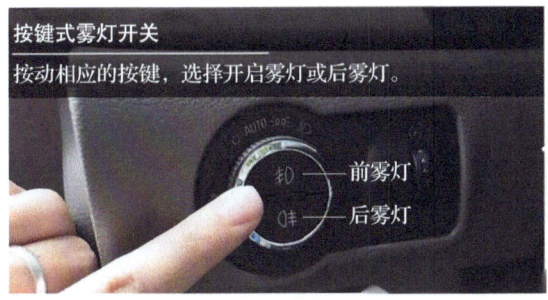

图 6-2　按键式雾灯开关

3）雾灯显示，如图 6-3 所示。

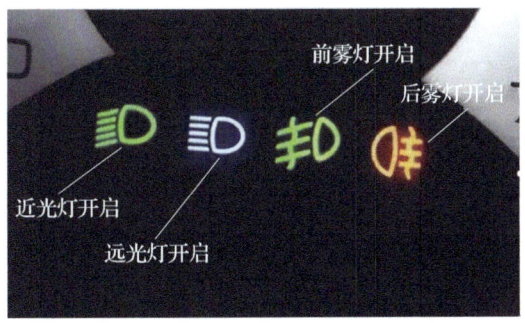

图 6-3　雾灯显示

4. 车灯样式

（1）车前照明

1）远光、近光前照灯（图6-4），俗称大灯，装在汽车头部的两侧，一般为40~60W，用来照亮车前的道路。有两灯制和四灯制之分。四灯制前照灯并排安装时，装于外侧的一对应为近、远光双光束灯；装于内侧的一对应为远光单光束灯。如图6-5所示为远光、近光前照灯照明效果。

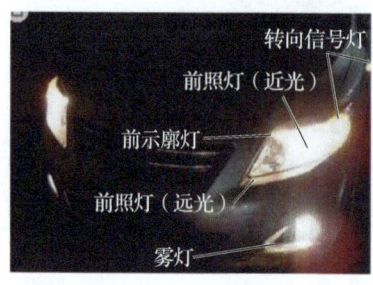

图6-4 汽车前照灯

图6-5 远光、近光前照灯照明效果

2）雾灯是在有雾、下雪、暴雨或尘埃弥漫等情况下，用来改善道路的照明情况。每辆车一般安装有一只或两只雾灯，安装位置比前照灯稍低，一般离地面约50cm左右，射出的光线倾斜度大，光色为黄色或橙色（黄色光波较长，透雾性较好）。前雾灯的功率为45W，后雾灯功率为21W或6W，光色为红色，用来提醒尾随车辆保持安全间距。如图6-6所示为雾灯控制按钮及前雾灯安装位置。

图6-6 雾灯控制按钮及前雾灯安装位置

3）示廓灯，如图6-7所示。

图6-7 示廓灯

4）转向灯，如图6-8所示。

5）日间行车灯（有些国家规定使用），如图 6-9 所示。国外的研究表明，5%~15% 的交通事故可以通过开灯驾驶来避免，在荷兰的一些城市，汽车白天行驶时开前灯，发生严重交通事故的概率下降了 5%~12%，开灯行驶对于驾驶人来说，可以保持随时的警惕，当发生紧急情况时，路面信息反应更迅速，而且更容易被其他驾驶人看到。

对路人或其他驾驶人来说，人眼对晃动的灯光特别敏感，车辆白天开灯行驶，更容易被看到，能减少交通事故的发生。建议汽车白天在高速路上行驶、在重要路段、与行人过路相交叉的地方以及在转弯地段、高架路上行驶时开前灯。

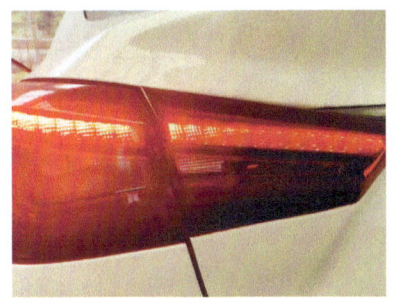 

图 6-8　转向灯　　　　　　　　　图 6-9　日间行车灯

（2）车后照明

装在车尾的灯可以在恶劣天气和黑夜打开，表明车辆位置，也示意车辆当前和将要行驶的方向。制动灯表明车辆是否正在制动。转向信号灯示意所要改变的方向；当同时闪烁，则警告危急情况发生。在倒车时，倒车灯提供照明。

1）制动灯，如图 6-10 所示。每当踏下制动踏板时，便发出较强的红光，以示制动。灯的功率一般为 21W，光色为红色，灯罩显示面积较后示廓灯大。为避免尾随大型车对轿车碰撞的危险，轿车后窗内可加装由发光二极管成排显示的高位制动灯。

2）尾灯，如图 6-11 所示。装在汽车的尾部，在车辆夜间行驶时，用来警示后面的车辆，以便保持一定的安全距离。

 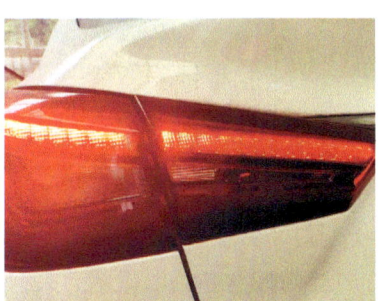

图 6-10　制动灯　　　　　　　　　图 6-11　汽车尾灯

3）后转向信号灯，如图 6-12 所示。后转向信号灯和尾灯制成双丝灯泡。转向时，灯光呈闪烁状，频率规定为 1~2Hz，启动时间不大于 1.5s。在紧急遇险状态需其他车辆注意避让时，全部转向灯可通过危险警告灯开关接通同时闪烁。

4）倒车灯，用来照亮车后路面，并警告车后的车辆和行人，表示该车正在倒车。倒车灯的功率一般为 21W，光色为白色，当变速器挂倒档时，自动发亮，照明车后侧，同时提醒后方车辆及行人注意安全。

5）牌照灯，如图 6-13 所示。用来照亮汽车后部牌照。

图 6-12　后转向信号灯　　　　　　　　图 6-13　牌照灯

（3）车内照明

1）顶灯，如图 6-14 所示。轿车及载货汽车一般仅设一只顶灯，用作室内照明，还可以兼起监视车门是否可靠关闭的作用。只要有车门未可靠关紧，顶灯就发亮。

2）阅读灯，如图 6-15 所示。装于乘员席前部或顶部，聚光时乘员看书不会给驾驶人产生眩目现象，照明范围小，有的还有光轴方向调节机构。

图 6-14　车内顶灯　　　　　　　　图 6-15　阅读灯

3）行李舱灯，如图 6-16 所示。装于轿车或客车行李舱内，当开启行李舱盖时，自动发亮。

4）门灯，如图 6-17 所示。装于轿车外张式车门内侧底部，光色为红色。夜间开启车门时，门灯发亮，以提示后来行人、车辆注意避让。

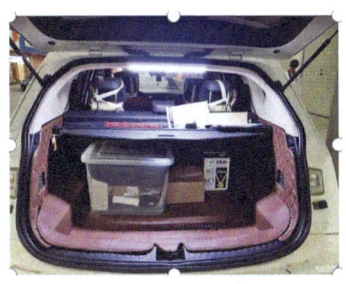
图 6-16 行李舱灯

图 6-17 门灯

5）仪表照明灯，如图 6-18 所示。装在仪表板反面，用来照明仪表指针及刻度板。

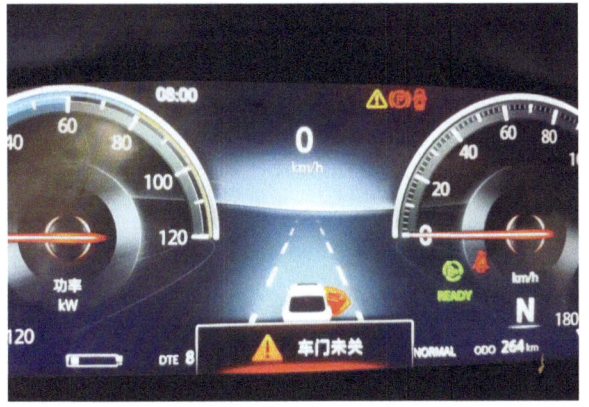
图 6-18 仪表照明灯

5. 仪表警告及指示灯，如图 6-19 所示

常见的有充电指示灯、机油压力过低警告灯、转向指示灯、远光指示灯等，警告灯一般为红色或黄色，指示灯一般为绿色或蓝色。

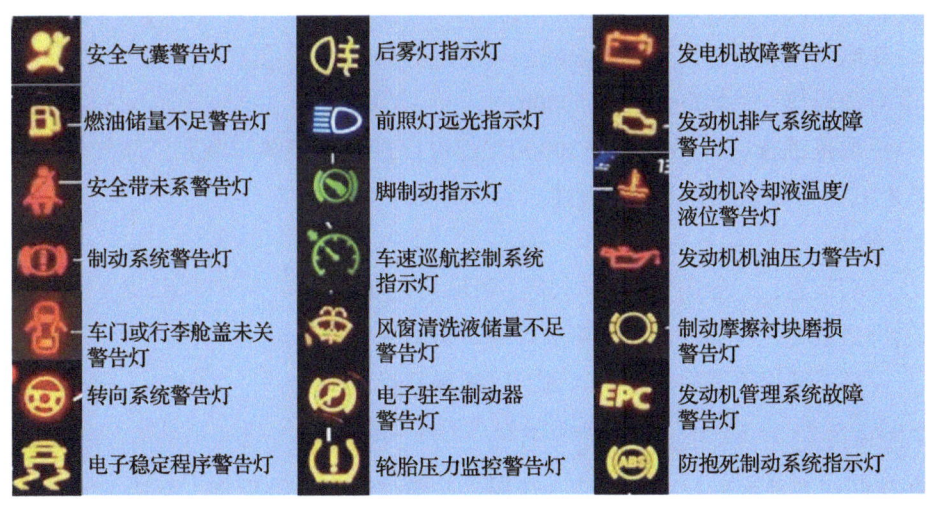
图 6-19 仪表警告及指示灯

6. 汽车光源类型

如图 6-20 所示，汽车光源一般有卤素光源、氙气光源和 LED 光源。

图 6-20　汽车光源

（1）卤素前照灯

1）优点：

①色温较低，一般在 3000K 左右，肉眼看起来光线偏黄。因此卤素前照灯在雨雾环境下穿透力更强。

②卤素前照灯结构简单，成本较低，是目前大多数家用车型的选择。

2）缺点：

①大部分的卤素前照灯功率在 55W 左右，相对于其他两种前照灯这样的耗电量是比较高的。

②卤素前照灯的亮度较低，通光量在 1000lm。只有氙气前照灯的 1/3。

③卤素前照灯寿命较短，平均寿命 400~500h，随着使用时间的增长灯光会变暗。

（2）氙气前照灯

1）优点：

①亮度较高，是卤素前照灯的三倍。

②耗电量比较低，市面上一般的氙气前照灯只有 35W 左右。

③寿命较长，平均寿命可到 3000h。

④色温范围较广，3000K 到 10000K 都可以选择。很多车辆原厂氙气前照灯是在 4000K 左右，可以兼顾亮度和穿透性。

2）缺点：

①启动延迟，一般需要 3~5s 才能达到最大亮度。

②价格较高，一般要比卤素前照灯的价格高 3 倍以上。

③在高温环境下需注意散热问题，以确保其稳定工作。

7. 如何判断灯光亮度是否正常

在夜间或者地库里找一面白墙，让车头与墙体尽量保持垂直，保持 10m 左右的距离，然后将车灯打开，用厚布遮住一个车灯，以便逐一调整两侧的前灯。调整时建议找一位朋友坐在车内，这样不仅能够保持适当的载重，而且可以保持自己驾车时的射灯位置，否则车载过轻的话，灯光会高于正常射灯位置，如果车载过重的话，灯光会低于正常射灯位置。位置调整合适后打开车灯，将灯光在墙面上的投影用记号笔记录下来，正常情况下，左右车灯应该与汽车的中轴线保持等距离。如果发生向外偏或者向内偏的现象，就要根据汽车使用手册的提示，用螺丝刀来调整。至于车灯光束的高度，右车灯应该水平直射，而左车灯则应该比右侧灯高 10cm 左右。注意千万不能将车灯调校太高，这样会给对向行驶的车辆造成视觉干扰，增加危险因素，也是不符合法规的。如果把握不准可向 4S 店咨询或交由 4S 店专业技师进行调试。当然，除了高度以外，车灯光照的宽度也可以调节，可以将右车灯光束调得略微向右偏，这样在能见度极低的雨雾天，对右侧路面会看得更加清楚，确保行车的安全。

五、实践任务

能对汽车灯光及信号灯进行故障点判断。

六、实践计划

1. 分小组

组长：负责操作设计及规范操作，协助总结记录员完成总结报告。

主操作手：负责主要操作。

副操作手：负责协助主操作手并读取数据。

数据记录员：负责对数据进行记录。

数据核对员：负责将实测数据与理论数据进行对比。

总结记录员：负责汇总形成报告。

小组成员分工及故障分析
成员分工
项目分析

2. 实施计划

1）控制汽车灯光及信号灯。

2）对汽车灯光及信号灯进行检查。

3）拆卸灯光或信号灯饰盖板。

4）对灯光或信号灯进行故障判断。

七、实践实施

实训数据记录					
姓名			班级		
学号			指导教师		
组员					
汽车 VIN 码					
汽车品牌		汽车车型		汽车年代	
工具选择					
数据记录及结果分析					

八、实践反思

自评、互评、教师点评表

姓名		班级		学号		指导教师		组别	
评分项目		评分内容			分值	个人评分	小组评分	教师评分	
工具、场地准备		场地干净整洁，符合作业要求			5				
工具、场地准备		通用及专用工具准备齐全、正确			5				
专业知识学习		学习态度端正，认真积极			5				
工具、设备选择与使用		检测与维修工具、设备选择正确、合适			5				
工具、设备选择与使用		工具、设备使用正确，操作规范			10				
操作实施		按照要求实施操作			25				
操作实施		操作正确、有序			10				
操作实施		零部件拆装无破损			5				
总结报告		数据记录完整，符合实际情况			5				
总结报告		实训报告客观、务实			5				
团队协作能力		小组成员分工明确			5				
团队协作能力		团队协作，共同完成实训操作			5				
安全		安全操作，未出现人身危险情况			5				
安全		工具、设备使用安全，未损坏			5				
总分					100				

组长：　　　　　　　　　　　日期：

九、思考题

1）汽车车灯有哪些类型？

2）如何区分卤素灯、氙气灯、LED灯？

3）如何对灯光效果进行检查？

> **小知识**：汽车自适应前照灯（Adaptive Front Lighting System，AFS）是一种能够自动改变两种以上的光型以适应车辆行驶条件变化的前照灯系统，是车灯照明上的新技术之一，它的研发对汽车夜间行驶安全起到了很大的作用。

任务 2　汽车照明系统检测与维修

一、任务目标

1）掌握汽车照明系统控制原理。
2）能根据电路图进行汽车电路故障点判断。
3）能对汽车照明系统进行故障检修。

二、任务内容

能对汽车照明系统进行故障检测与维修。

三、安全注意事项

注意个人及设备安全，规范操作。

四、知识提要

1. 卤素前照灯配光原理

卤素灯有其独特的配光结构，每支灯管内有两组灯丝，一组是主光束灯丝，发出的灯光经灯罩反射镜反射后径直向前射去，这种光源就是我们平时所说的"远光"。另一组是偏光束灯丝，发出的光被遮光板挡到灯罩反射镜子的上半部分，其反射出去的光线都是朝下漫射向地面，不会给对面来车的驾驶人造成眩目，这种光源就是我们平常所说的"近光"。如图 6-21 所示为卤素前照灯配光原理。

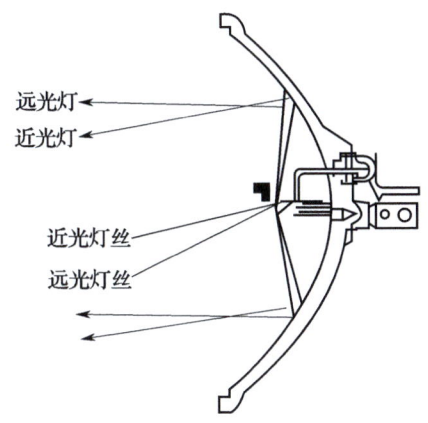

图 6-21　卤素前照灯配光原理

2. 前照灯电路控制方式

前照灯电路根据其控制开关安装位置不同，可分为控制火线式和控制搭铁线式两种。根据其电源开关，又可分为受点火开关控制和不受点火开关控制两种。

点火开关控制式是指控制开关安装于电源正极与前照灯之间，这种控制方式被广泛应用。

不受点火开关控制式是指控制开关安装于电源负极与前照灯之间，这种控制方式被广泛应用。

前照灯电路由灯光开关、变光开关和变光继电器等构成，电路图如图6-22所示。变光继电器的导通或断开，以决定是否为远光和近光灯供电。近光灯正常，则说明远光灯和近光灯公共线路正常，即蓄电池、总熔丝、灯光开关正常。

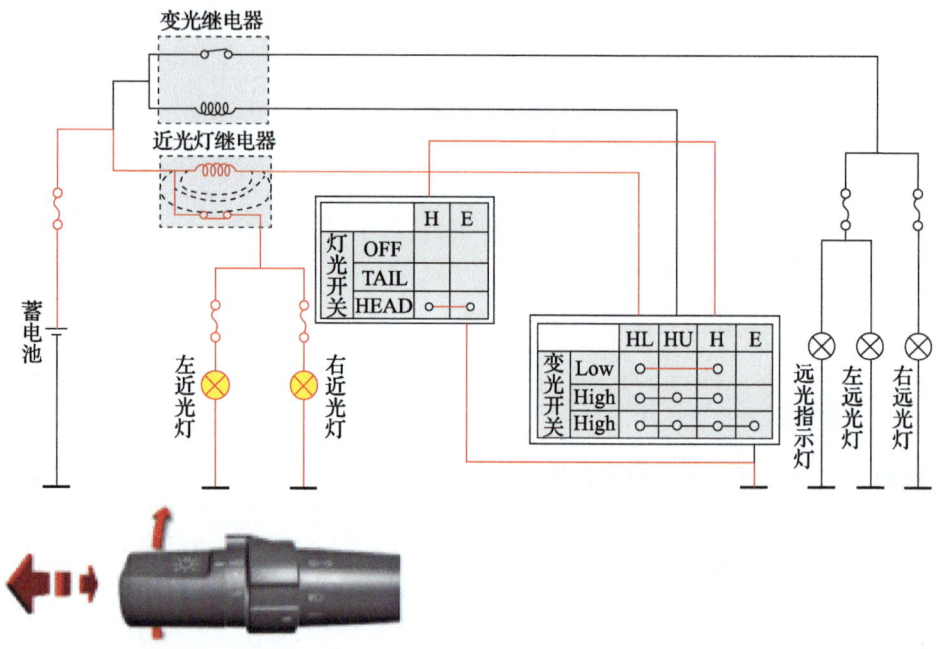

图6-22　前照灯电路图

3. 前照灯控制原理

1）打开近光变光开关后，电流经由蓄电池正极→前照灯近光灯继电器线圈→变光开关总成→搭铁→蓄电池负极，形成回路，使前照灯近光继电器触点闭合。电流分别经左、右熔丝到达左右近光灯，最后经搭铁回到蓄电池负极，形成回路，左右近光灯点亮。

2）打开远光变光开关后，电流经由蓄电池正极→前照灯变光继电器→变光开关总成→搭铁→蓄电池负极，形成回路，使前照灯变光继电器开关闭合，电流分别经左、右熔丝到达左、右远光灯以及远光灯指示灯，最后经搭铁回到蓄电池负极，形成回路，左、右远光灯以及远光指示灯点亮。

4. 前照灯故障分析

前照灯常见故障现象及可能的原因见表6-2。导致前照灯故障的部位可能是：①灯泡损坏；②熔丝烧断；③继电器故障；④连接线路短路或断路；⑤组合开关故障。在故障检测的过程中，首先通过检查喇叭是否有声音，近光灯是否亮起，判断汽车电

项目 6　汽车照明及信号系统检测与维修

源系统是否正常供电，如果正常，分析远近光灯电路，进一步查找故障位置。

表 6-2　前照灯故障分析

故障现象	故障原因
前照灯都不亮	①电源熔丝熔断；②蓄电池搭铁不良；③变光开关损坏；④继电器损坏；⑤灯泡损坏
远光灯不亮或近光灯不亮	①变光开关损坏；②闪光继电器不良；③导线搭铁不良；④导线断路、熔丝熔断；⑤灯丝烧坏
前照灯灯光暗淡	①熔丝松动；②线路松动或接触不良；③搭铁不良；④发电机输出电压过低；⑤用电设备漏电负荷增大
一侧前照灯正常；另一侧前照灯暗淡	①暗的一侧搭铁不良；②导线插接器接触不良
灯泡经常烧坏	发电机输出电压过高

5. 前照灯故障检测

（1）检查灯泡

1）拆卸远光灯灯泡。

2）检查远光灯灯泡。检查右远光灯灯泡，检查灯丝是否破损，若灯丝烧断和灯泡损坏，则更换新灯泡。若无法目测，比如卤素灯，则可采用试灯法进行检查是否良好，若不正常则需更换新灯泡。

微课视频
汽车灯泡检查

（2）检查前照灯变光继电器

1）进入驾驶室，打开发动机舱盖。

2）从继电器盒中拆下变光继电器，如图 6-23 所示。

3）根据表 6-3 中的值测量继电器电阻。如果检测结果不符合上述标准，则说明继电器损坏，应该更换新继电器。

微课视频
变光继电器检查

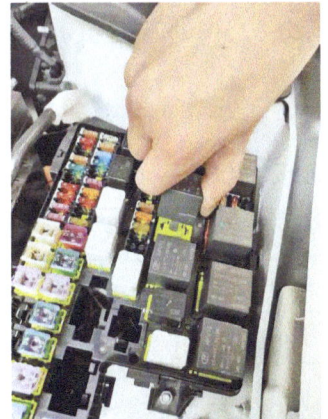 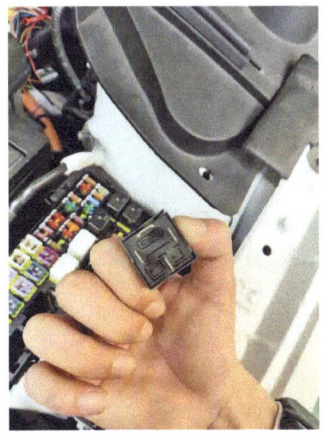

图 6-23　前照灯变光继电器检查

表6-3 前照灯继电器检测标准电阻

检测仪连接		条件	规定状态
(电路图)	3-5	在端子1和2之间未施加电压	10kΩ 或更大
	3-5	在端子1和2之间施加电压	<1Ω

6. 检查熔丝

1）进入驾驶室，用缠有保护胶带的一字螺丝刀撬开熔丝盒，如图6-24所示。

2）在熔丝盒中找到远光灯熔丝，使用熔丝夹将该熔丝取下。

3）目测熔丝是否烧断，如图6-25所示。

微课视频
熔丝目测检查

图6-24 汽车熔丝

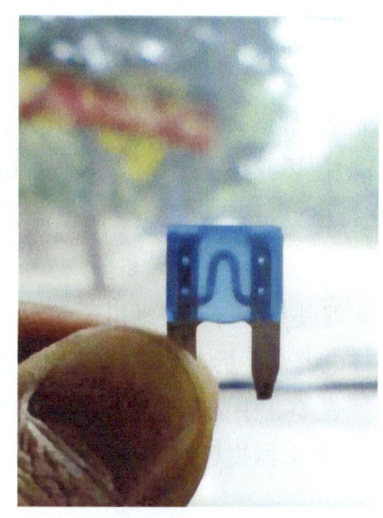

图6-25 熔丝目测检查

4）测量各熔丝加载槽与车身搭铁之间的电压，见表6-4。

表6-4 熔丝测量标准电压

检测仪连接	条件	规定状态
H-LP LH HI 熔丝端子—车身搭铁	灯控开关置于HEAD位置	11~14V
H-LP RH HI 熔丝端子—车身搭铁	灯控开关置于HEAD位置	11~14V

5）如目测无法判断熔丝是否烧坏，则可选用万用表测熔丝电阻，若阻值为∞，说明熔丝已坏，需更换熔丝，如图6-26所示。

6）更换新熔丝

①确认熔丝载流量，按照对应颜色和规格选用熔丝，如图 6-27 所示。

②观察熔丝外部和端子处是否有烧灼现象。

③用数字万用表 Ω 档检测熔丝两端子之间的电阻，正常情况下应小于 1Ω。

图 6-26　测量熔丝电阻

微课视频
熔丝电阻测量

图 6-27　确定熔丝规格

7. 检查前照灯组合开关

1）关闭点火开关。

2）正确使用工具断开蓄电池负极端子电缆，如图 6-28 所示。

3）拆卸转向盘下盖。

4）拆卸转向盘总成。

5）拆下转向柱护罩。

6）断开组合开关总成插接器，进行组合开关插接器端子侧的线路检查。

图 6-28　检查前照灯组合开关

7）用万用表检查组合开关孔端的搭铁回路的电阻值是否符合规定值，标准值小于 1Ω。用万用表红笔搭组合开关插接器 11 号端子，黑笔搭驾驶室的搭铁点，测两者之间的电阻值，标准电阻应小于 1Ω。

8）检测驾驶室的搭铁电阻。拆除塑料护板，在不带电的情况下测量搭铁电阻，若存在电阻偏大，则说明搭铁不良，需修复搭铁，再试车检查故障是否排除。

9）检测继电器插槽 2 号端子到组合开关插接器孔端的 13 号端子之间的电阻值，标准值小于 1Ω，若检测不正常，则需更换组合开关总成。

8. 检查线束和插接器

检查线路连接情况：用手振动或晃动连接远光灯到灯光开关的线路，检查线路连接处是否松动，导线是否从端子中脱开，如果有则需紧固；必要时更换新的配线。

1）检查线束和插接器（前照灯继电器—前照灯变光继电器）。

根据表 6-5 中的值测量，用万用表测前照灯继电器至前照灯变光继电器间线路的电压，如有异常需更换线束或插接器；如正常则进行下一步检查。

表 6-5　继电器端子电压

端子号	条件	规定状态
前照灯变光继电器端子 2—车身搭铁	灯控开关 OFF—HEAD	低于 1V → 11~14V
前照灯变光继电器端子 3—车身搭铁	灯控开关 OFF—HEAD	低于 1V → 11~14V

2）检查线束和插接器（前照灯变光继电器—熔丝）。

根据表 6-6 中的值，测量前照灯变光继电器至熔丝之间线束的电阻值，若有异常则需维修或更换线束和插接器；如果阻值正常则继续下一步检测。

表 6-6　继电器端子电阻 1

端子号	条件	规定状态
前照灯变光继电器端子 5-H-LP LH HI 熔丝端子	始终	<1Ω
前照灯变光继电器端子 5-H-LP RH HI 熔丝端子	始终	<1Ω

3）检查线束和插接器（前照灯变光继电器——主车身 ECU）。

断开主车身 ECU 插接器 E51，根据表 6-7 中的值测量电阻，如异常，则需要维修或更换线束或插接器，若电阻值正常，则继续下一步检测。

表 6-7　继电器端子电阻 2

端子号	条件	规定状态
前照灯变光继电器端子 1—E51_3（DIM）	始终	<1Ω
E51_3（DIM）—车身搭铁	始终	10kΩ 或更大

4）安装组合开关：按照拆卸相反顺序安装组合开关。

5）故障排查：点火开关打到 ON 位置，打开组合开关，检查前照灯是否亮起。

9. 车内照明控制电路

室内灯、阅读灯受专门开关控制，许多轿车室内灯、阅读灯还受车门开关控制，用以警示车门关闭情况，如图 6-29 所示。

10. 车内照明检修

检查顶灯与仪表板指示灯：

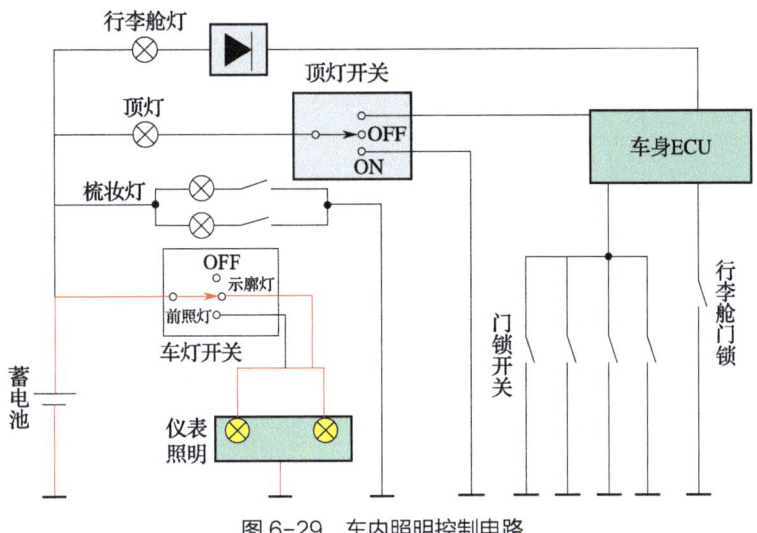

图 6-29　车内照明控制电路

1）打开顶灯至 ON 位置，检查顶灯是否正常点亮。

2）将顶灯开关至 DOOR 位置。

3）打开左前车门，检查仪表板指示灯是否正常亮起。

4）关闭左前车门，检查仪表板指示灯是否正常熄灭。

5）按相同方法检查打开关闭左前、左后、右前、右后门时仪表板指示灯是否正常。

6）其他车内照明灯逐一进行检查是否正常亮起与熄灭。

五、实践任务

能对汽车照明系统进行故障检测与维修。

六、实践计划

1. 分小组

组长：负责操作设计及规范操作，协助总结记录员完成总结报告。

主操作手：负责主要操作。

副操作手：负责协助主操作手并读取数据。

数据记录员：负责对数据进行记录。

数据核对员：负责将实测数据与理论数据进行对比。

总结记录员：负责汇总形成报告。

小组成员分工及故障分析
成员分工
项目分析

2. 实施计划

1）绘制用电设备灯光的简易电路图。
2）对部分电路图结构进行分析。
3）对部分灯光电路图进行原理分析。
4）选择合适的汽车照明系统检测设备。
5）对汽车照明系统进行故障检测。
6）对汽车照明系统进行故障维修。

七、实践实施

实训数据记录					
姓名			班级		
学号			指导教师		
组员					
汽车 VIN 码					
汽车品牌		汽车车型		汽车年代	
工具选择					
数据记录及结果分析					

八、实践反思

自评、互评、教师点评表

姓名		班级		学号		指导教师		组别	
评分项目		评分内容				分值	个人评分	小组评分	教师评分
工具、场地准备		场地干净整洁，符合作业要求				5			
工具、场地准备		通用及专用工具准备齐全、正确				5			
专业知识学习		学习态度端正，认真积极				5			
工具、设备选择与使用		检测与维修工具、设备选择正确、合适				5			
工具、设备选择与使用		工具、设备使用正确，操作规范				10			
操作实施		按照要求实施操作				25			
操作实施		操作正确、有序				10			
操作实施		零部件拆装无破损				5			
总结报告		数据记录完整，符合实际情况				5			
总结报告		实训报告客观、务实				5			
团队协作能力		小组成员分工明确				5			
团队协作能力		团队协作，共同完成实训操作				5			
安全		安全操作，未出现人身危险情况				5			
安全		工具、设备使用安全，未损坏				5			
总分						100			

组长： 　　　　　　　　　　　　日期：

九、思考题

设计一款照明电路并对其可能出现的故障进行检查排查。

小知识：夜间发生交通事故的概率比白天大 1.5 倍，60% 重大交通死亡事故发生在夜间。据统计，30%~40% 的夜间车祸缘于滥用远光灯，人眼在受到车灯强光刺激时，瞳孔由正常的 58mm 左右自动收缩为 1mm 甚至更小，使进光量减少到原来的 1/30 以上，会车后由于瞳孔来不及恢复，导致安全事故频发。

任务3　汽车信号系统检测与维修

一、任务目标

1）掌握汽车信号系统控制原理。
2）能根据电路图进行汽车信号灯故障点判断。
3）能对汽车信号灯系统进行故障检修。

二、任务内容

掌握汽车信号系统的检测方法。

三、安全注意事项

注意个人及设备安全，规范操作。

四、知识提要

汽车信号对汽车行驶安全起着极为重要的作用，信号系统主要包括转向信号、危险信号、制动信号、倒车信号和喇叭信号等。

1. 转向信号装置

汽车要驶离原方向，需接通左侧或右侧转向信号灯（简称转向灯），以提醒其他车辆的驾驶人，其组成主要包括转向开关、信号灯和闪光器，其中闪光器是主要器件。当遇有特别情况时，所有转向信号灯应同时闪烁，作为危险警告信号。

转向信号闪光器是使转向信号灯按一定时间间隔闪烁的器件，转向信号闪光器可根据不同的原理运作。目前使用的闪光器主要有电热式、电容式和电子式。由于电子式闪光器具有性能稳定、可靠性高、寿命长的特点，已获得广泛应用。

电子式闪光器可分为带继电器触点式和不带继电器无触点式两种。

1）带继电器触点式闪光器。当接通电源开关和转向灯开关后，主线路为蓄电池正极→电源开关 SW→接线柱 B→R_1→继电器 J 的触点→接线柱 S→转向开关→转向灯及转向指示灯（左或右）→搭铁→蓄电池负极，转向灯亮。

当继电器的触点闭合时，转向灯亮；当继电器触点断开时，转向灯灭。而触点的闭合与否取决于晶体管的导通状况，电容 C 的充放电，使晶体管反复导通和截止，这样，触点也就时通时断，使转向信号灯闪烁发光，如图 6-30 所示。

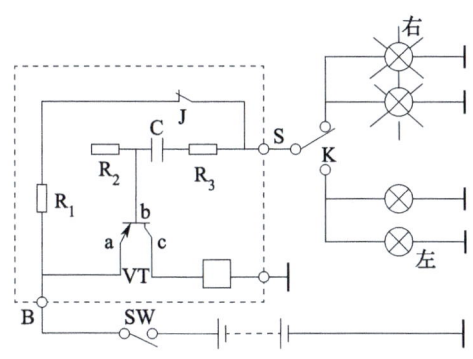

图 6-30 带继电器触点式闪光器

2）不带继电器无触点式闪光器。又称全电子式闪光器，即把触点式闪光器中的继电器去掉，采用大功率晶体管来取代原来的继电器，如图 6-31 所示。

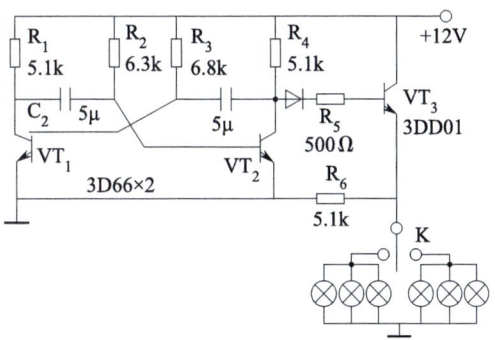

图 6-31 不带继电器无触点式闪光器

2. 转向信号灯常见故障

汽车转向信号大体上有两种：一是闪烁信号；二是持续闪烁。常见故障是转向信号灯不亮和转向信号灯不能正常工作。转向信号灯工作不正常的原因及排除方法见表 6-8。

表 6-8 转向信号灯工作不正常的原因及排除方法

故障现象	原因	排除方法
两侧转向灯同时亮	转向开关失效	检查转向开关
两侧转向灯闪烁频率不同	1）两侧灯泡的功率不等 2）有灯泡坏	检查灯泡型号
转向灯常亮不闪	1）闪光器损坏 2）接线错误	检查闪光器及电路接线
闪频过高或过低	1）灯泡功率不当 2）闪光器工作不良，触点间隙过大或过小 3）电源电压过高或过低	1）检查灯泡 2）更换闪光源、调整触点 3）调整电压调节器

3. 转向灯信号检修

（1）检查熔丝

检查盒里的 TRN-HAZ 熔丝和 ECU-IG2 熔丝是否烧毁，如有烧毁则更换熔丝，如图 6-32 所示。

（2）检查转向信号灯开关

1）拆卸转向信号灯开关。

2）检查转向信号灯开关。根据表 6-9、表 6-10 中的值测量前照灯变光开关总成端子（图 6-33）间的电阻，若有异常则更换转向信号灯开关。

3）按照拆卸相反顺序安装转向信号灯开关。

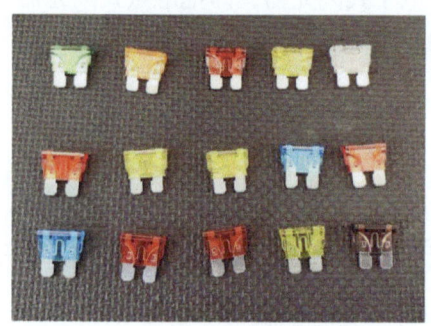

图 6-32 熔丝

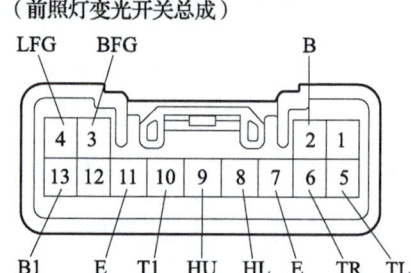

图 6-33 前照灯变光开关总成端子

表 6-9 带自动灯控系统

检测仪连接	条件	规定状态
12（E）—13（TR）	OFF	10kΩ 或更大
12（E）—15（TL）		
12（E）—13（TR）	RH	<1Ω
12（E）—13（TL）	LH	<1Ω

表 6-10 不带自动灯控系统

检测仪连接	条件	规定状态
6（TR）—7（E）	OFF	10kΩ 或更大
5（TL）—7（E）		
6（TR）—7（E）	RH	<1Ω
5（TL）—7（E）	LH	<1Ω

（3）检查闪光继电器

1）按下闪光继电器，检查是否损坏，如有损坏，则更换新的闪光继电器。

2）若无法观察闪光继电器是否损坏，用跨接线连接电源与闪光器插座"L"端子，如果转向灯在打转向开关的两个位置都亮,则闪光继电器失效,应予以更换,如图6-34所示。

(4)检查闪光灯总成

1)拆卸仪表板下装饰板总成。

2)拆卸转向信号闪光灯总成。

3)检查转向信号闪光灯总成。

①从仪表板接线盒上拆下转向闪光灯总成。其端子如图6-35所示。

②根据表6-11中的值测量电压。如结果不符合规定,则线束侧有故障要更换线束。

③测量电阻。如果结果不符合规定,则线束侧有故障,需要更换线束。

④转向信号闪光灯总成安装到仪表板接线盒上,如图6-36所示。

⑤根据表6-12中的值测量电压。如果结果不符合,更换转向信号闪光灯总成。

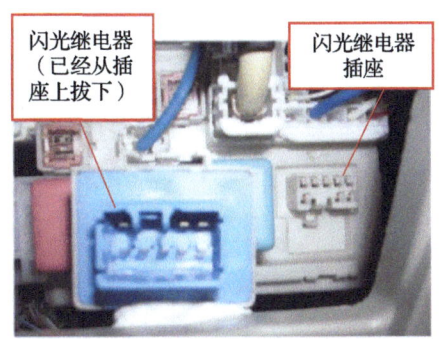

图6-34 闪光继电器

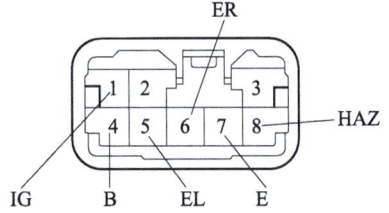

图6-35 转向信号闪光灯总成端子

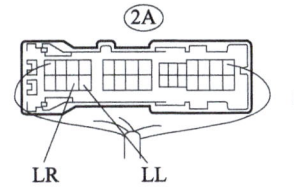 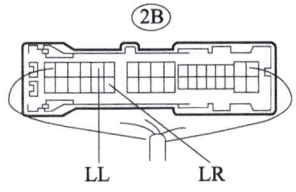 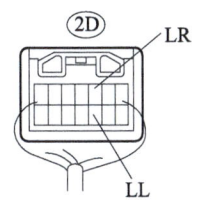

图6-36 仪表板接线盒

表6-11 标准电压1

检测仪连接	条件	规定状态
4(B)—车身搭铁	始终	11~14V
1(IG)—车身搭铁	点火开关置于OFF位置	<1V
	点火开关置于ON(IG)位置	11~14V

表6-12 标准电压2

检测仪连接	条件	规定状态
2A-27(LL)—车身搭铁	转向信号灯开关置于OFF位置	<1V
	转向信号灯开关置于LH位置	11~14V(60~120次/min)
	危险警告灯开关置于OFF位置	<1V
	危险警告灯开关置于ON位置	11~14V(60~120次/min)

（续）

检测仪连接	条件	规定状态
2A-28（LR）—车身搭铁	转向信号灯开关置于 OFF 位置	<1V
	转向信号灯开关置于 LH 位置	11~14V（60~120 次/min）
	危险警告灯开关置于 OFF 位置	<1V
	危险警告灯开关置于 ON 位置	11~14V（60~120 次/min）
2B-14（LL）—车身搭铁	转向信号灯开关置于 OFF 位置	<1V
	转向信号灯开关置于 LH 位置	11~14V（60~120 次/min）
	危险警告灯开关置于 OFF 位置	<1V
	危险警告灯开关置于 ON 位置	11~14V（60~120 次/min）
2B-31（LR）—车身搭铁	转向信号灯开关置于 OFF 位置	<1V
	转向信号灯开关置于 LH 位置	11~14V（60~120 次/min）
	危险警告灯开关置于 OFF 位置	<1V
	危险警告灯开关置于 ON 位置	11~14V（60~120 次/min）
2D-10（LL）—车身搭铁	转向信号灯开关置于 OFF 位置	<1V
	转向信号灯开关置于 LH 位置	11~14V（60~120 次/min）
	危险警告灯开关置于 OFF 位置	<1V
	危险警告灯开关置于 ON 位置	11~14V（60~120 次/min）
2D-3（LR）—车身搭铁	转向信号灯开关置于 OFF 位置	<1V
	转向信号灯开关置于 LH 位置	11~14V（60~120 次/min）
	危险警告灯开关置于 OFF 位置	<1V
	危险警告灯开关置于 ON 位置	11~14V（60~120 次/min）

4）安装转向信号闪光灯总成。将转向信号闪光灯总成按照拆卸相反顺序安装到接线盒上。

5）安装仪表板下装饰板总成。

4. 制动信号装置

制动信号装置提示后面车辆自己的车辆要减慢速度或停车，后面的车辆就可以提前准备。制动信号装置主要有制动信号灯（简称制动灯）、制动开关盒、制动安全警告装置，如图 6-37 所示。

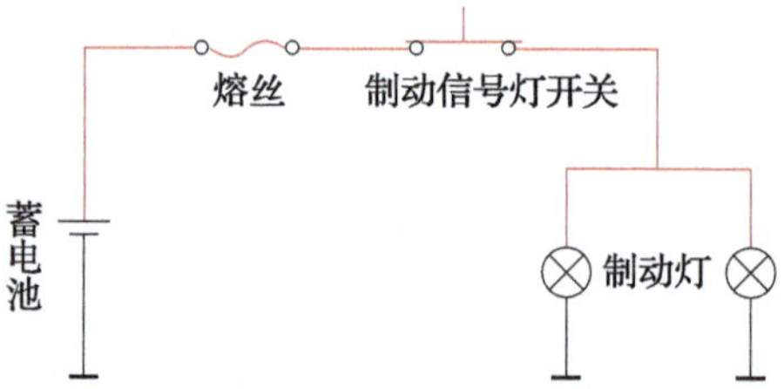

图 6-37 制动信号装置控制电路

（1）制动信号灯故障现象

踩下制动踏板，制动信号灯会亮起以警示后方车辆保持安全行车车距。制动信号灯常见故障现象有：

1）踏下制动踏板，左右制动信号灯均不亮。

2）踏下制动踏板，左右制动信号灯只有一只亮。

3）不踏下制动踏板，左右制动信号灯长亮或时亮时不亮。

制动信号灯不亮的常见故障原因有：熔丝烧坏、电路中存在开路或搭铁不良、开关损坏、灯泡损坏。对应的故障排除方法分别是：更换熔丝、检修电路、更换开关和更换相同的灯泡。

（2）制动信号灯电路故障警告灯功用

如图6-38所示，制动信号灯电路故障警告灯用于指示制动灯灯泡或电路工作状况，正常情况下熄灭，当制动灯灯泡故障或电路有短路时，该灯点亮。

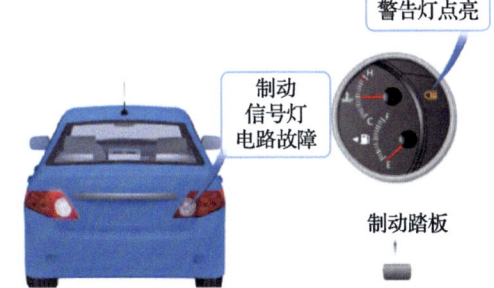

图6-38 制动信号灯电路故障警告灯

（3）检查制动信号灯

1）拆卸制动信号灯总成。

2）检查制动灯总成。将蓄电池（+）引线连接到端子2，（-）引线连接到端子1。检查并确认制动信号灯是否亮起。正常情况下制动信号灯应亮起。如果结果不符合规定，则更换灯总成。

3）安装制动信号灯总成

（4）检查制动信号灯开关总成

1）拆卸制动信号灯开关总成。

2）检查制动信号灯开关总成。

① 制动信号灯开关插接器端子如图6-39a所示。

② 检查时分别按制动信号灯开关按下和未按下两种情况进行检查，如图6-39b所示。

③ 制动开关内部原理如图6-39c所示。

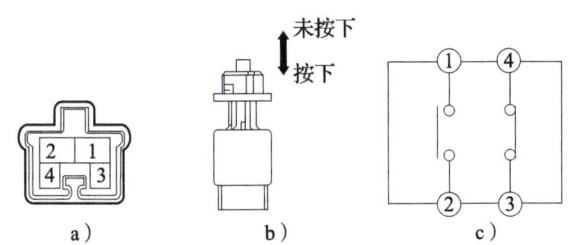

图6-39 制动信号灯开关插接器端子

④ 据表6-13中的值测量电阻，如果结果不符合规定，更换制动信号灯开关总成。

表 6-13 标准电阻 1

检测仪连接	开关状态	规定状态
1—2	按下	10kΩ
	未按下	<1Ω
3—4	按下	<1Ω
	未按下	10kΩ 或更大

（5）检查新的制动信号灯开关总成

1）检查新的制动信号灯开关零件号是否正确、外观是否完好。

2）选用万用表，将万用表打在"欧姆"档，并对其较零，如图 6-40 所示。

微课视频
制动信号灯开关
检查

图 6-40 检查新的制动信号灯开关总成

3）使用万用表测量制动开关 1 号 2 号端子间的电阻，并读取测量值，标准值为小于 1Ω，如图 6-41 所示。

图 6-41 测量 1 号、2 号端子间电阻

4）将制动开关的触头压到底，如图 6-42 所示。

5）读取测量值，标准值为 10kΩ 或更大，如图 6-43 所示。

6）安装制动灯开关总成。

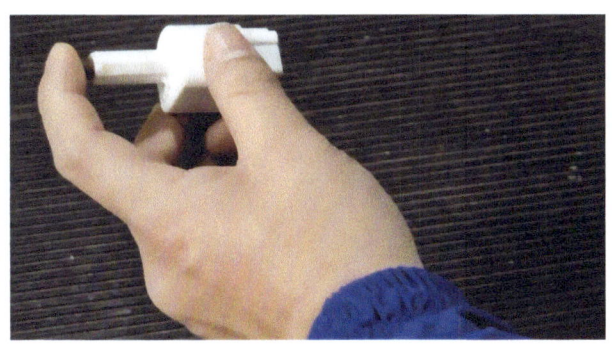

图 6-42 按下制动开关触头

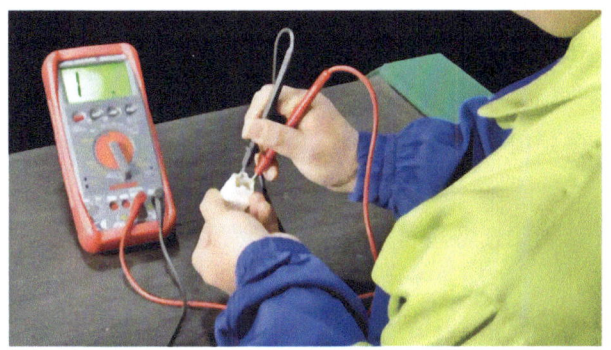

图 6-43 测量电阻

5.汽车喇叭

汽车喇叭是汽车行驶中的声响警示装置。在汽车的行驶过程中，驾驶人根据需要和规定发出必需的音响信号，警告行人和引起其他车辆注意，以保证交通安全，同时还用于催行和传递信号。如图 6-44 所示，汽车喇叭主要由膜片、衔铁、线圈、触点以及共鸣片等部分组成。

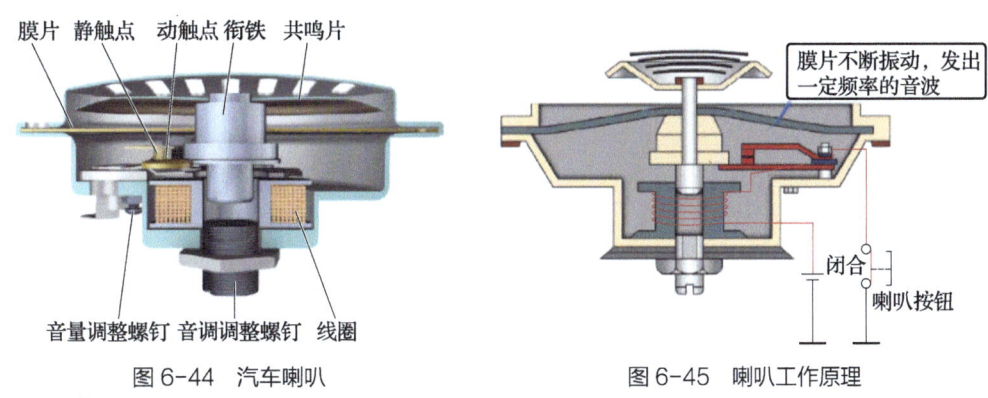

图 6-44 汽车喇叭　　　　图 6-45 喇叭工作原理

（1）喇叭工作原理

当喇叭工作时（图 6-45），线圈通电产生吸力，上铁心被吸与下铁心撞击，产生较低的基本频率，并激励膜片及与膜片连成一体的共鸣板产生共鸣，从而发出比基本频率强得多而且分布比较集中的谐音。同时压下动触点臂，使触点分开以切断电路，电磁力消失。当铁心磁力消失后，衔铁又回到原位，触点重新闭合，电路再次接通。这样线圈中将流过时通时断的电流，因此振动膜片时吸时放，产生高频振动而发出音响。

（2）喇叭常见故障

在很多有关喇叭的故障中，出现问题时往往是喇叭本身的故障。特别是某些汽车设计的喇叭安装位置存在缺陷，在下雨时很容易使喇叭被雨水淋湿，造成喇叭的损坏。常见的喇叭故障如下：

1）有时不响。按喇叭开关，如果喇叭有时响，有时不响，多是喇叭内部的触点接触不好，有些也是喇叭本身的问题。

2）声音沙哑。多是由于插头接触不良，特别是各个触点由于使用频繁，容易使触点出现磨损。

3）完全不响。首先检查熔丝看是否熔断，然后拔下喇叭插头，用万用表测量在按喇叭开关时此处是否有电。如果没电，应检查喇叭线束和喇叭继电器；如果有电，则是喇叭本身的问题，此时也可以试着调节喇叭上的调节螺母看是否能发声，如果还是不响，则需要更换喇叭。

（3）喇叭故障分析

喇叭不响是电气中的常见问题，遇到此类问题时，首先确认汽车电源系统工作正常，然后进一步检测喇叭电路。如图6-46所示，查看喇叭的电路原理。

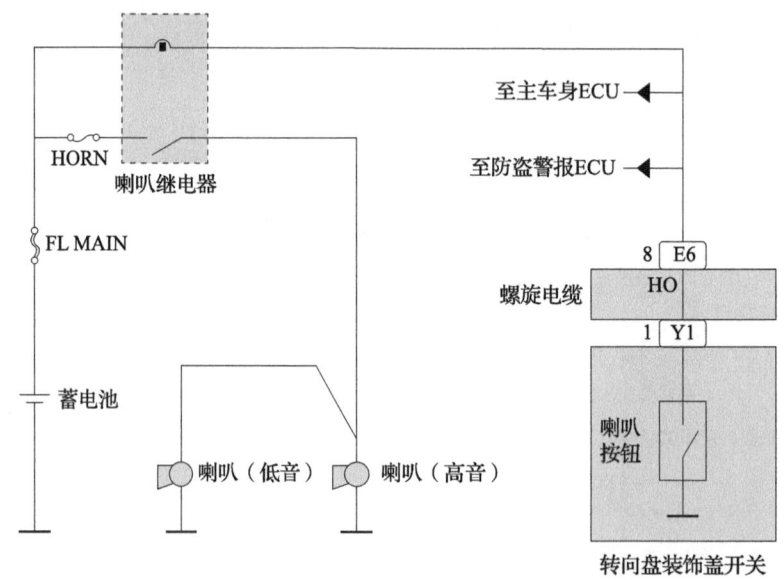

图6-46　电喇叭信号控制器

如果喇叭不发声，故障原因可能在电路中的熔丝、喇叭继电器、喇叭按钮处，其中任何一处出现故障，均可能导致喇叭电路断路，引起喇叭不响。

另外，两侧喇叭不响，还有可能是因为连接线路松动，或两侧喇叭同时坏掉，这种情况发生的概率较低，但也要考虑在内。

归纳起来，喇叭不响的故障原因主要有：

① 喇叭按钮故障。

② 熔丝故障。

③ 喇叭继电器故障。

④ 螺旋电缆故障。

⑤ 连接线路故障。

⑥ 喇叭本身故障。

（4）喇叭故障排除过程

1）检查喇叭按钮。从车辆拆下转向盘装饰盖进行目视检查，如图 6-47 所示，看转向盘装饰盖上的喇叭按钮接触片是否变形或烧蚀损坏。如有变形，则换上新的转向盘装饰盖。

2）检查熔丝。

① 打开发动机舱中的继电器盒盖，找到喇叭继电器，继电器的具体位置可查阅继电器盒盖内侧的分布图，然后用熔丝夹将其取下。

② 目测熔丝是否烧坏，如果无法目测，则选用数字万用表测量熔丝两插脚之间的电阻，如测得的阻值为 ∞，则说明熔丝已烧坏，需要更换。

微课视频
喇叭继电器检查

3）检查喇叭继电器。从发动机舱的继电器盒中拆下集成继电器，参照表 6-14 中的值测量端子（图 6-48）间的电阻。如果检测的结果不符合以上标准则更换集成继电器。

不带转向盘装饰盖开关

带转向盘装饰盖开关

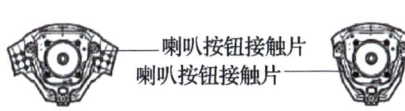
喇叭按钮接触片
喇叭按钮接触片

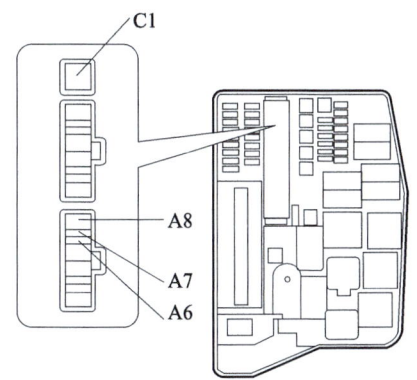

图 6-47　检查喇叭按钮

图 6-48　喇叭继电器端子

表 6-14　标准电阻 2

检测仪连接	条件	规定状态
C1-A8	蓄电池电压没有施加在端子 A6 和 A7 上时	10kΩ 或更大
C1-A8	蓄电池电压施加在端子 A6 和 A7 上时	<1Ω

4）检查螺旋电缆。

① 拆卸螺旋电缆。

② 检查螺旋电缆。

a）目测观察插接器或者螺旋电缆上是否有划痕、裂缝、凹痕或碎片。如果有，则需要换上新的螺旋电缆。

b）检查螺旋电缆，见表 6-15。

表 6-15　标准电阻 3

检测仪连接	条件	规定状态
Y1-1-E6-8（HO）	中央	<1Ω
	向左转 2.5 圈	
	向右转 2.5 圈	
Y1-1-E6-3（CCS）	中央	<1Ω
	向左转 2.5 圈	
	向右转 2.5 圈	
Y1-2-E6-4（ECC）	中央	<1Ω
	向左转 2.5 圈	
	向右转 2.5 圈	
Y1-5-E6-12（IL+2）	中央	<1Ω
	向左转 2.5 圈	
	向右转 2.5 圈	
Y1-8-E6-4（EAU）	中央	<1Ω
	向左转 2.5 圈	
	向右转 2.5 圈	
Y1-9-E6-5（AU2）	中央	<1Ω
	向左转 2.5 圈	
	向右转 2.5 圈	
Y1-10-E6-6（AU1）	中央	<1Ω
	向左转 2.5 圈	
	向右转 2.5 圈	

（续）

检测仪连接	条件	规定状态
Y3-1-E-2（D-）	中央	<1Ω
	向左转 2.5 圈	
	向右转 2.5 圈	
Y3-2-E7-1（D+）	中央	<1Ω
	向左转 2.5 圈	
	向右转 2.5 圈	

c）安装螺旋电缆，如图 6-49 所示。

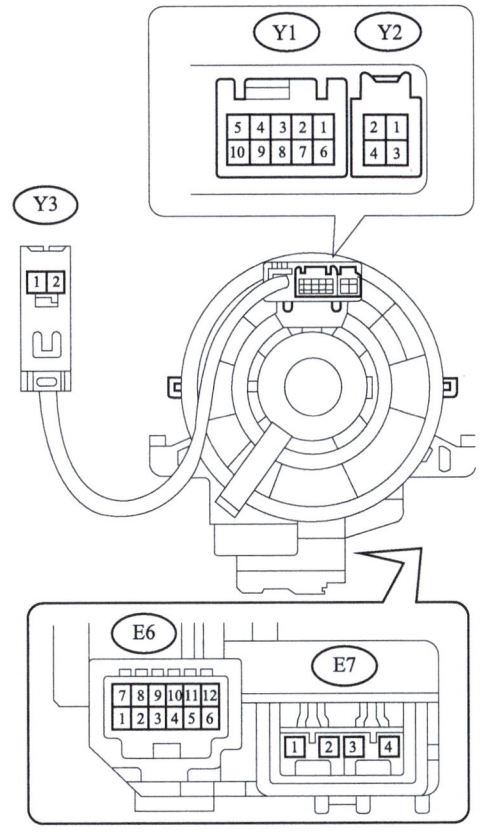

图 6-49　螺旋电缆端子

5）检查线路。

①轻轻地上下或者左右摆动电气配线以检查故障。主要检查插头的根部，查看导线是否从端子中脱开，如果有这种情况，需要进行紧固或者更换新的配线。

②断开插接器，查看线头是否被锈蚀或腐蚀，如果有，则需要更换新的配线。

6）检查喇叭。

① 拆卸散热器上空气导流板。拆下6个卡子和散热器上空气导流板，如图6-50所示。

② 拆卸散热器格栅防护罩拆下2个散热器格栅防护罩。

③ 拆卸前保险杠总成。沿前保险杠总成四周粘贴保护性胶带，如图6-51所示。拆下6个螺钉、2个螺栓和3个卡子。

 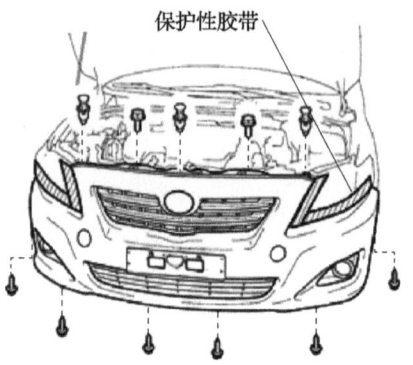

图6-50　拆卸散热器上空气导流板　　　图6-51　检测散热器搭铁电路

④ 拆卸低音喇叭总成。

a）断开插接器。

b）拆下螺栓和低音喇叭总成。

⑤ 检查低音喇叭总成（图6-52）。

a）连接蓄电池与低音喇叭总成，如果喇叭鸣响，则说明其工作正常。

b）按照相同方式检查高音喇叭。

图6-52　检查低音喇叭总成

⑥ 安装高音、低音喇叭。按拆卸时相反顺序安装高、低音喇叭，如图6-53所示。

当诊断与维修工作结束后，用洁净的布将工具擦干净并放回工具箱，将废弃物分门别类地放入相应的垃圾桶，将工作现场打扫干净。

项目6　汽车照明及信号系统检测与维修

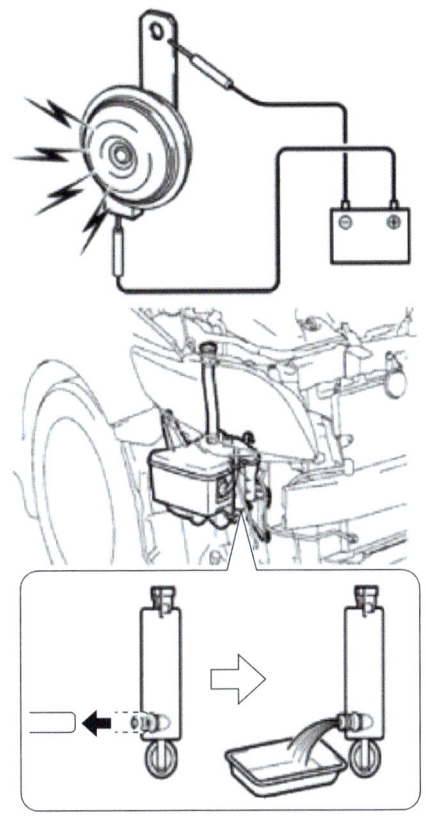

图 6-53　安装高低音喇叭

五、实践任务

对制动灯故障进行检修。

六、实践计划

1. 分小组

组长：负责操作设计及规范操作，协助总结记录员完成总结报告。

主操作手：负责主要操作。

副操作手：负责协助主操作手并读取数据。

数据记录员：负责对数据进行记录。

数据核对员：负责将实测数据与理论数据进行对比。

总结记录员：负责汇总形成报告。

小组成员分工及故障分析
成员分工
项目分析

2. 实施计划

1）拆卸制动灯总成。

2）检查制动灯总成。

3）安装制动灯总成。

七、实践实施

实训数据记录						
姓名				班级		
学号				指导教师		
组员						
汽车 VIN 码						
汽车品牌			汽车车型		汽车年代	
工具选择						
数据记录及结果分析						

八、实践反思

自评、互评、教师点评表

姓名		班级		学号		指导教师		组别	
评分项目		评分内容			分值	个人评分	小组评分	教师评分	
工具、场地准备		场地干净整洁,符合作业要求			5				
工具、场地准备		通用及专用工具准备齐全、正确			5				
专业知识学习		学习态度端正,认真积极			5				
工具、设备选择与使用		检测与维修工具、设备选择正确、合适			5				
工具、设备选择与使用		工具、设备使用正确,操作规范			10				
操作实施		按照要求实施操作			25				
操作实施		操作正确、有序			10				
操作实施		零部件拆装无破损			5				
总结报告		数据记录完整,符合实际情况			5				
总结报告		实训报告客观、务实			5				
团队协作能力		小组成员分工明确			5				
团队协作能力		团队协作,共同完成实训操作			5				
安全		安全操作,未出现人身危险情况			5				
安全		工具、设备使用安全,未损坏			5				
总分					100				

组长:　　　　　　　　　　　　日期:

九、思考题

1) 如何判断转向灯故障点？

2) 如何对喇叭进行检修？

小知识：人体适合在低噪声环境下进行休息和睡眠，如果噪声超过 50dB 会影响休息效果；噪声达到 70dB 会让人产生焦虑或者狂躁情绪；长期处于 90dB 以上的噪声环境中则会导致人们听力受损、头痛、血压升高等健康问题，如果是敏感者还容易引发神经衰弱等严重病症。

汽车电气系统检测
与维修

项目 7
汽车辅助电气系统检测与维修

项目目标

- 准确掌握汽车车窗、洗涤系统、门锁系统、空调系统工作原理
- 能用检测设备读取车窗、洗涤系统、门锁系统、空调系统数据流
- 能识别并构建汽车车窗、洗涤系统、门锁系统、空调系统电路图

项目任务

- 能掌握汽车车窗、洗涤系统、门锁系统、空调系统的检测与维修方法及过程

任务 1　汽车车窗系统检测与维修

一、任务目标

1）掌握车窗系统电路构成部件及原理。
2）能绘制车窗系统电路图。

二、任务内容

1）掌握车窗系统工作原理。
2）构建车窗系统电路图。

三、安全注意事项

注意个人及设备安全，规范操作。

四、知识提要

1. 车窗系统的组成与工作原理

电动车窗系统由车窗、车窗玻璃升降器、电动机、继电器、开关和 ECU 等装置组成。如图 7-1 所示为绳轮式电动车窗的基本结构。其中，玻璃升降器系统是电动车窗的主要部件，根据机械升降机构的不同工作原理，玻璃升降器可分为 3 种形式：软轴式（图 7-2）、绳轮式（图 7-3）和交叉臂式（图 7-4）。车窗电动机分为永磁式和双

微课视频
车窗系统零部件
识别

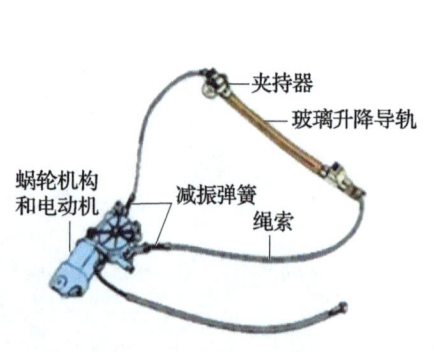

图 7-1　绳轮式电动车窗的基本结构

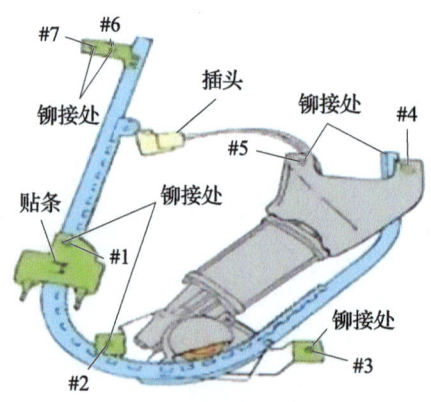

图 7-2　软轴式玻璃升降器

绕组串励式两类。电动车窗系统装有两套控制开关：一套为总开关，可由驾驶人控制每个车窗的玻璃升降；另一套为分开关，分别装在每个车窗中部，可由乘客进行操纵。总开关与分开关互不干涉，均可独立地控制车窗玻璃的升降。

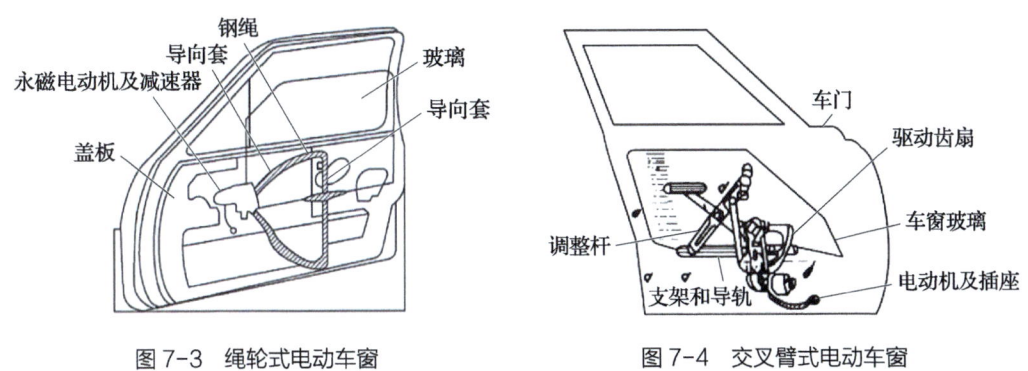

图 7-3 绳轮式电动车窗　　　　　　图 7-4 交叉臂式电动车窗

永磁式直流电动机是通过改变电枢电流的方向来改变电动机的旋转方向，从而使车窗玻璃升或降的。以某汽车永磁电动机的电路为例（图 7-5），车窗组合开关布置在前排左右座椅之间的中央通道面板上。当点火开关接通时，通过它可以控制 4 扇车窗玻璃；当电开关切断时，延时断开继电器自动延时 50s 后切断所有的电动车窗的搭铁端。左前车窗电动机采用特殊控制，点击控制按钮，自动继电器会自动保持接通

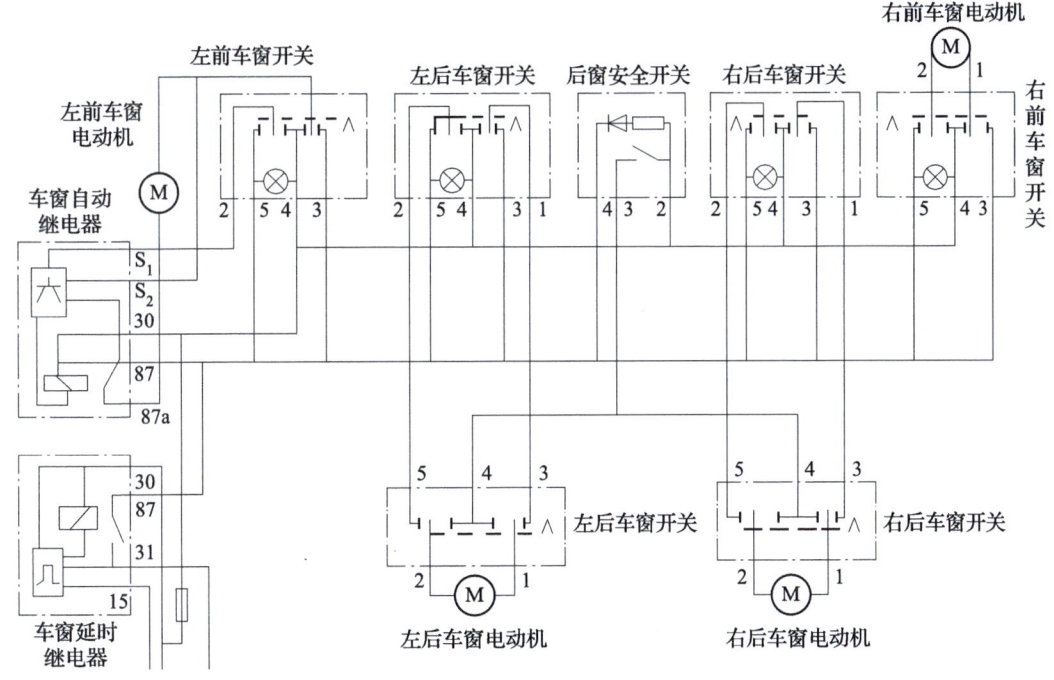

图 7-5 汽车永磁电动机电路

约 300ms 的时间，将玻璃升降到底。如果中途想让它停下来，只要点击一下反向按钮即可。

双绕组串励式直流电动机有两个绕向相反的磁场绕组，一个称为"上升"绕组，一个称为"下降"绕组，通电后产生相反方向的磁场，改变电动机的旋转方向，使车窗玻璃上升或下降，其电路如图 7-6 所示。各电动车窗电路中，均有断路保护器，以免电动机因超载而烧坏。断路保护器触点臂为双金属片结构，当电动机超载，电路中的电流过大时，双金属片因温度上升，产生翘曲变形，断开多功能触点，切断电路；电流消失后，双金属片冷却，变形消失，触点再次闭合。如此周期动作，使电动机电流平均值不致超过规定值，以防过热损坏。

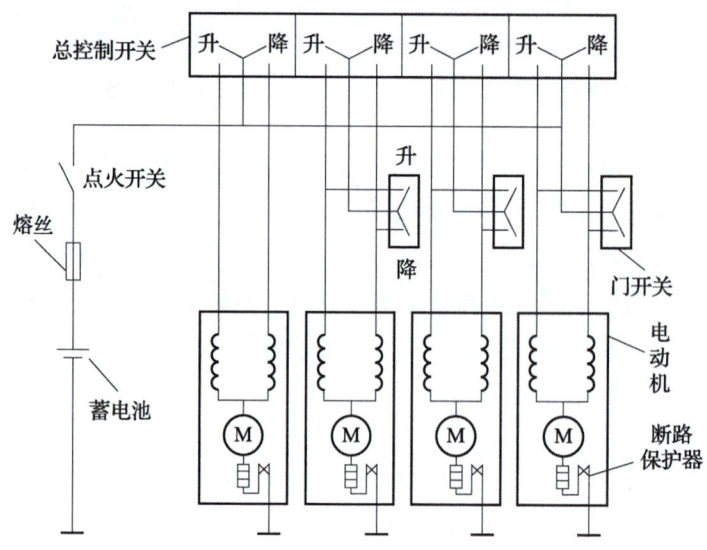

图 7-6 双绕组串励式直流电动机电路

2. 常见车窗系统故障点

（1）所有车窗升降能力失效

导致所有车窗升降能力都没有的故障原因可能是组合开关搭铁线脱开，总电源断裂、脱开，车窗继电器触点接触不良、损坏或线圈损坏，安全开关接触不良或未接通等。

检修：先检查电源线与搭铁线是否脱落，以及检查车窗继电器等。

（2）某一车窗升降失效

可能原因是控制车窗的开关、电动机、升降器等短路或损坏。

检修：先操作相应的组合开关或分开关，如车窗工作正常，说明分开关或组合开关损坏。如车窗不动，可能是相应的电动机、升降器或相应的连线有问题。

（3）某车窗只能向一个方向动

可能是开关触点接触不良，控制导线或升降器不良等。

检修：先操作相应的组合开关或分开关，如车窗升降器都正常，说明分开关或组合开关有触点接触不良现象。如车窗还是只能向一个方向动，要检查分开关到组合开关之间的控制导线是否断路，车窗升降是否有故障。

（4）车窗升降器工作时阻力大，发卡

可能是导轨卡槽有异物，导轨变形或损坏，钢丝磨损打滑或损坏，电动机局部损坏，驱动功率不足等。

检修：对导轨内的异物进行清理，修理更换损坏的零部件。

（5）升降器不工作，但电动机工作正常

可能是钢丝绳断了、滑动支架断裂或支架里面的传动钢丝接点松动等。

检修：全部换新的。

（6）车窗升降时出现异响

可能是卷丝筒里面的钢丝绳出现了跳槽，滑动支架里的传动钢丝夹转动，电动机盖或固定架与玻璃相碰擦，机械系统异物过多等。

检修：调节修整清理。

五、实践任务

1）车窗继电器、熔丝实车检测。

2）车窗系统关键数据流读取。

六、实践计划

1. 分小组

组长：负责操作设计及规范操作，协助总结记录员完成总结报告。

主操作手：负责主要操作。

副操作手：负责协助主操作手并读取数据。

数据记录员：负责对数据进行记录。

数据核对员：负责将实测数据与理论数据进行对比。

总结记录员：负责汇总形成报告。

小组成员分工及故障分析
成员分工
项目分析

2. 实施计划

1）对照实车电路图，找到继电器、熔丝位置并绘制电路图。

2）检测继电器和熔丝的好坏。

3）选择合适的检测仪器测量关键数据流。

4）电动机、升降器维护。

七、实践实施

实训数据记录					
姓名			班级		
学号			指导教师		
组员					
汽车 VIN 码					
汽车品牌		汽车车型		汽车年代	
工具选择					
数据记录及结果分析					

八、实践反思

自评、互评、教师点评表

姓名		班级		学号		指导教师		组别	
评分项目		评分内容				分值	个人评分	小组评分	教师评分
工具、场地准备		场地干净整洁,符合作业要求				5			
		通用及专用工具准备齐全、正确				5			
专业知识学习		学习态度端正,认真积极				5			
工具、设备选择与使用		检测与维修工具、设备选择正确、合适				5			
		工具、设备使用正确,操作规范				10			
操作实施		按照要求实施操作				25			
		操作正确、有序				10			
		零部件拆装无破损				5			
总结报告		数据记录完整,符合实际情况				5			
		实训报告客观、务实				5			
团队协作能力		小组成员分工明确				5			
		团队协作,共同完成实训操作				5			
安全		安全操作,未出现人身危险情况				5			
		工具、设备使用安全,未损坏				5			
总分						100			

组长:　　　　　　　　　　　　　日期:

九、思考题

1）车窗玻璃升降噪声大有哪些原因？

2）双层玻璃比起单层玻璃有哪些优势？

小知识：防夹手功能不仅增加了汽车的安全性，提高了汽车的档次，同时也大大延长了电动车窗的使用寿命。因为在上、下死点位置，无论升降开关是否松开，控制器均会自动断电，以避免电动机因长时间堵转而烧毁。

任务 2　汽车洗涤系统检测与维修

一、任务目标

1）掌握洗涤系统线路构成部件及原理。
2）能绘制洗涤系统电路图。

二、任务内容

1）掌握洗涤系统组成零件及工作原理。
2）构建洗涤系统电路图。

三、安全注意事项

注意个人及设备安全，规范操作。

四、知识提要

1. 洗涤系统的组成与工作原理

汽车风窗清洗系统一般包括以下部件：储液箱、玻璃洗涤液、洗涤泵电动机、水管、喷水嘴、刮水片、刮水器电动机、刮水器开关；相关配电部分，如蓄电池、熔丝、继电器等。比较复杂的还有控制器、雨量传感器等。储液箱由塑料制成，内装有洗涤液。洗涤泵俗称喷水电动机，由直流电动机和离心泵组成，其作用是将清洗液加压，通过塑料软管和喷嘴喷洒到风窗玻璃表面。当风窗玻璃上有灰尘或者污物时，先开动洗涤泵，将洗涤液喷到刮水片的上部，湿润玻璃，然后开动刮水器，将玻璃上的灰尘或者污物刮掉。

洗涤泵一般为齿轮式，由电动机直接驱动，电动机和洗涤泵之间有两个水封和一个排气孔，用以保持其密封性能。当控制开关接通时，电动机工作，于是电动机转动并带动洗涤泵中的齿轮旋转，从洗涤液罐中吸取洗涤液以一定的压力经喷嘴喷射到风窗玻璃的外表面上。

当驾驶人按下刮水器的开关时，电动机起动，电动机的转速经过蜗轮蜗杆的减速增矩作用驱动摆臂，摆臂带动四连杆机构，四连杆机构带动安装在前围板上的转轴左右摆动，最后由转轴带动刮水片刮扫风窗玻璃。现在，汽车的刮水臂有两个，电动机一般是一个，称为"单机双臂"，也有每个刮水器带一只电动机的，称为"单机单臂"。

有些刮水臂还附带水管，水管接至洗涤器上，按一下开关会有水注喷向前风窗玻璃。在一些中高级轿车上，不但前后风窗玻璃有刮水器，就是前照灯也有一支小小的刮水片，用以清除前照灯灯罩上的尘埃。

驾驶人关闭刮水器时，刮水臂往往不停在适当的位置，阻碍驾驶人的视线。为解决这一问题，刮水器设有一个限位开关，它控制刮水器电动机，当刮水臂停在风窗玻璃下的适当位置时，电动机才会停止运转。

现今的刮水器已经普遍采用快档、慢档和间歇控制档。其中间歇控制档一般是利用电动机的限位开关触点与电阻电容的充放电功能使刮水器按照一定周期刮扫，即每动作一次停止 2~12s 时间，对驾驶人的干扰更少。

有些车辆的刮水器还装有电子调速器，该调速器附带感应功能，能根据雨量的大小自动调节刮水臂的摆动速度，雨大刮水臂转得快，雨小刮水臂转得慢，雨停刮水臂也停。

刮水器是重要的安全件，它必须能有效地清除雨水、雪和污垢；能在高温（80℃）和低温下（-30℃）工作；能抗酸、碱、盐等有害物质腐蚀；使用寿命达到 15 万次刮刷循环（乘用车）。

刮水器的动力源来自电动机，它是整个刮水器系统的核心。刮水器电动机的质量要求是相当高的。它采用直流永磁电动机，安装在前风窗玻璃上的刮水器电动机一般与蜗轮蜗杆机械部分做成一体。蜗轮蜗杆机构的作用是减速增矩，其输出轴带动四连杆机构，通过四连杆机构把连续的旋转运动改变为左右摆动的运动。刮水器电动机采用 3 刷结构以方便变速。间歇时间由间歇继电器控制，利用电动机的回位开关触点与继电器电阻电容的充放电功能使刮水器按照一定周期刮扫。刮水器的刮水片胶条是直接清除玻璃上雨水和污垢的工具。刮水片胶条通过弹簧条压向玻璃表面，它的唇口必须与玻璃角度配合一致，方能达到所要求的性能。

一般情况下，在汽车组合开关手柄上有刮水器控制旋钮，设有低速、高速、间歇 3 个档位。手柄顶端是洗涤器按键开关，按下开关有洗涤液喷出，配合刮水器洗涤风窗玻璃。

（1）刮水器开关处于 L0 档

前刮水器开关的 +B 端子和 +2 端子导通，电流经点火开关 IG 供电端（IG）→WPA 熔丝→刮水器组合开关 B2 端子→刮水器组合开关→刮水器组合开关 B3 端子→前刮水器电动机 A5（B5）端子→前刮水器电动机→前刮水器电动机 A4（B4）端子→ A3（或 A2）搭铁→负极搭铁。这时刮水器电动机以低速状态工作。

（2）刮水器开关处于 H 档

前刮水器开关的 +B 端子和 +2 端子导通，电流经点火开关 IG 档供电端（IG）→

WPA 熔丝→刮水器组合开关 B2 端子→刮水器组合开关→刮水器组合开关 B4 端子→前刮水器电动机 A3（B3）端子→前刮水器电动机→前刮水器电动机 A4（B4）端子→ A3（或 A2）搭铁→负极搭铁。这时刮水器电动机以高速状态工作。

（3）刮水器开关处于 INT 档

前刮水器开关的 +S 端子和 +1 端子导通，INT1 端子和 INT2 端子导通，刮水器继电器线圈得以供电工作，使其常开触点闭合，常闭触点断开，电流经点火开关 IG 档供电端（IG）→ WPA 熔丝→刮水器组合开关 B2 端子→刮水器继电器常开触点→前刮水器组合开关 +S →前刮水器开关 +1 →前刮水器组合开关 + 1 →前刮水器组合开关 B3 端子→前刮水器电动机 A5（B5）端子→前刮水器电动机→前刮水器电动机 A4（B4）端子→ A3（或 A2）搭铁→负极搭铁。这时刮水器电动机以低速状态工作。数秒后，刮水器继电器线圈常开触点断开，常闭触点闭合，刮水器停止运行，等待下一个循环的开始。

当刮水器电动机未停在停止位置时，电动机凸轮盘开关动作，前刮水器电动机 A2（B2）端子与 A1（B1）端子导通，这时，电流经点火开关 IG 档供电端（IG）→ WPA 熔丝→前刮水器电动机 A2（B2）→电动机内部凸轮盘开关→前刮水器电动机 A1（B1）→前刮水器组合开关 B1 端子→刮水器继电器常闭触点→前刮水器组合开关 +S →前刮水器开关 +1 →前刮水器组合开关 B3 端子→前刮水器组合开关 A5（B5）端子→前刮水器电动机→前刮水器电动机 A4（B4）端子→ A3（或 A2）搭铁→负极搭铁。这时刮水器电动机低速运转到停止位置后，电动机凸轮盘开关动作，前刮水器电动机 A2（B2）端子与 A1(B1) 端子断开，电动机停止。等待间隙启动下一个循环。

（4）刮水器开关处于 MIST 档

前刮水器开关的 +B 端子和 +1 端子导通，电流经点火开关 IG 档供电端（IG）→ WPA 熔丝→刮水器组合开关 B2 端子→刮水器组合开关→前刮水器组合开关 B3 端子→前刮水器电动机 A5（B5）端子→前刮水器电动机→前刮水器电动机 A4（B4）端子→ A3（或 A2）搭铁→负极搭铁。这时刮水器电动机以低速运转。

（5）前洗涤器开关处于 ON 档

刮水器组合开关的 A3 端子与 A2 端子导通，经点火开关 IG 档供电端（IG）→ WASH 熔丝→洗涤电动机→刮水器组合开关的 A3 端子→刮水器组合开关的 A2 端子→ E2 搭铁→负极搭铁。这时洗涤电动机得以供电正常运转。

2. 洗涤系统常见故障点

洗涤系统常见故障点见表 7-1。检查维护要点：

1）定期检查刮水片。

2）检查刮水器工作情况时，应先用水润湿风窗玻璃，否则会刮伤玻璃，同时由于刮水片摩擦阻力大，可能会损伤刮水片或烧坏电动机。

3）使用中关闭刮水器开关后，刮水片应回到风窗玻璃下侧后停止。若停止位置不对，应加以调整。

4）冬季使用刮水器时，若刮水片被冰冻住或被雪团卡住，应立即关闭刮水器开关，清除冰块、雪团后方可继续使用，否则会因刮水片阻力过大而烧坏电动机。

5）刮水器电动机多为封闭式，不可随意拆卸。

表 7-1 洗涤系统故障检修方法

故障现象	故障原因	检修方法
洗涤器不工作	组合开关上控制洗涤器的开关接触不良 洗涤器电源接插件与汽车线束接插件接触不良或松脱 洗涤电动机烧毁或卡死；供给洗涤器的电路故障	修理或更换组合开关 修理或更换接插件 修理或更换洗涤电动机 检查洗涤器电路
洗涤液泄漏	喷水壶损坏 洗涤软管损坏或松脱 三通连接管损坏 喷水壶与洗涤电动机连接部位的橡胶密封圈损坏 洗涤电动机的 O 形密封圈损坏	修理或更换喷水壶 更换洗涤软管 更换三通连接管 更换橡胶密封圈 更换 O 形密封圈
不能喷射洗涤液	洗涤器不工作 喷嘴头小孔堵塞 洗涤软管折弯、损坏或松脱 喷水壶盖小孔堵塞 洗涤电动机损坏	检查修复洗涤器 用 0.6~0.8mm 的钢丝疏通喷嘴头小孔 检查或更换洗涤软管 用 0.6~0.8mm 的钢丝疏通喷水壶盖小孔，保持小孔畅通 修理或更换洗涤电动机
洗涤液不能射入刮刷区域	洗涤器喷嘴头位移 洗涤液喷射压力小，洗涤电动机有故障 喷水壶小孔阻塞	用 0.6~0.8mm 的钢丝调整喷嘴球头，使得洗涤液喷射到刮水器的刮刷区域 修理或更换洗涤电动机 用 0.6~0.8mm 的钢丝疏通喷水壶盖小孔
刮水片一侧刮水正常，另一侧发响	有一侧刮水片变形 刮水杆扭曲，刮水片斜卡在玻璃上	更换刮水片或胶条 校正刮水杆

（续）

故障现象	故障原因	检修方法
前风窗玻璃表面有部分刮不到	胶条脱出 胶条与玻璃接触不均匀，钢条变形 刮水杆在玻璃上的压力过小	将胶条塞入卡槽 调整或更换刮水片 更换刮水杆
刮水器各档位不工作	熔丝烧坏 连接导线及插件接触不良 刮水器开关损坏 中央线路板有关线束及插件接触不良 电动机损坏	更换熔丝 检查、固定插件 更换刮水器开关 检查、紧固线束 更换电动机
刮水器高速档位工作，其他各档位均不工作	刮水器继电器损坏	更换继电器
刮水器在低速档位时不工作，在其他各档位时均工作	刮水器继电器损坏 刮水器开关损坏 中央线路板 A2 结点接触不良	更换继电器 更换刮水器开关 检修中央线路板
刮水器在间歇档时不工作，其他各档位工作正常	刮水器开关损坏 刮水器间歇继电器损坏 导线及接插件接触不良	更换开关 更换间歇继电器 检查、紧固接插件

五、实践任务

1）洗涤继电器、熔丝实车检测。

2）洗涤系统关键数据流读取。

3）洗涤系统维护。

六、实践计划

1. 分小组

组长：负责操作设计及规范操作，协助总结记录员完成总结报告。

主操作手：负责主要操作。

副操作手：负责协助主操作手并读取数据。

数据记录员：负责对数据进行记录。

数据核对员：负责将实测数据与理论数据进行对比。

总结记录员：负责汇总形成报告。

小组成员分工及故障分析
成员分工
项目分析

2. 实施计划

1）对照实车电路图，找到继电器、熔丝位置，并绘制电路图。

2）检测继电器和熔丝的好坏。

3）选择合适的检测仪器测量关键数据流。

4）水泵、水壶、管道维护。

七、实践实施

实训数据记录					
姓名			班级		
学号			指导教师		
组员					
汽车 VIN 码					
汽车品牌		汽车车型		汽车年代	
工具选择					
数据记录及结果分析					

八、实践反思

自评、互评、教师点评表

姓名		班级		学号		指导教师		组别	
评分项目		评分内容			分值	个人评分	小组评分	教师评分	
工具、场地准备		场地干净整洁，符合作业要求			5				
工具、场地准备		通用及专用工具准备齐全、正确			5				
专业知识学习		学习态度端正，认真积极			5				
工具、设备选择与使用		检测与维修工具、设备选择正确、合适			5				
工具、设备选择与使用		工具、设备使用正确，操作规范			10				
操作实施		按照要求实施操作			25				
操作实施		操作正确、有序			10				
操作实施		零部件拆装无破损			5				
总结报告		数据记录完整，符合实际情况			5				
总结报告		实训报告客观、务实			5				
团队协作能力		小组成员分工明确			5				
团队协作能力		团队协作，共同完成实训操作			5				
安全		安全操作，未出现人身危险情况			5				
安全		工具、设备使用安全，未损坏			5				
总分					100				

组长： 日期：

九、思考题

汽车能否用自来水代替玻璃洗涤液？有哪些潜在隐患？

> **小知识：** 汽车玻璃是汽车车身附件中必不可少的一部分，主要起到防护作用，目前中国汽车玻璃远销海内外，奥迪、大众、宾利、通用等世界著名汽车品牌均在采用中国品牌汽车玻璃。

任务 3　汽车门锁系统检测与维修

一、任务目标

1）了解汽车门锁系统基本组成。
2）理解门锁控制原理。

二、任务内容

掌握门锁检修方法。

三、安全注意事项

注意个人及设备安全，规范操作。

四、知识提要

1. 中控门锁系统的功能

中控门锁的各种功能是建立在标准锁的功能基础之上而实现的，所以我们首先要认识和了解标准锁的功能和特点。

（1）标准锁

标准锁的功能是通常意义的开锁与闭锁功能，该功能是给车辆提供两侧车门、行李舱盖（或尾门）开锁和闭锁的功能。

其特点是使用方便、多门联动，是中控锁系统的标准配置，也是实现中控门锁系统相关功能和主动防盗系统功能的前提条件。

标准锁功能也称之为单重锁功能，在其基础之上设计出双重锁功能，即在标准锁关闭后，锁电动机将门内拉手与门锁机构分离，使之无法从车内通过门把手将车门打开。

> 注意：双重锁功能实现是通过钥匙插入锁芯，并且在 3s 内两次转到锁定位置，或遥控器上的锁定按钮在 3s 内被按下两次。

汽车被双重锁定的时候，转向灯会闪烁确认。

（2）遥控开闭锁

中控门锁系统的开锁和闭锁是通过遥控器上的按键完成的。

中控门锁系统对于遥控器的开锁与闭锁有两种设定：

整体开闭锁，即在按动闭锁按钮时，车辆全部门锁均开锁（包含尾门锁或行李舱门锁）；在解锁时，车辆全部门锁均开锁。

分段开锁，即在按动一次遥控器开锁按钮时，只有驾驶人侧车门门锁打开，其他门的门锁不解锁，连续按动两次，全部车门解锁。

2. 中控门锁系统的组成

中控门锁系统的组成包括门锁机构、门锁开关、遥控器、接收天线和控制模块等元件，下面我们来介绍中控门锁系统中所涉及的元件。

（1）门锁机构

车辆上所配置的门锁包括四个车门的门锁、发动机舱盖锁、尾门锁以及油箱盖锁等。

门锁：如图 7-7 所示为福克斯门锁机构，在该锁机构中包括门锁、门锁位置传感器、锁电动机元件。

如图 7-8 所示为发动机舱盖锁，从图中可知，该锁机构通过拉线驱动，其内部安装有位置传感器。

图 7-7　福克斯门锁机构

图 7-8　发动机舱盖锁

如图 7-9 所示为福克斯车型的发动机舱盖锁开启机构，从图中可知该锁机构通过钥匙驱动，其内部安装有位置传感器。

图 7-9　福克斯发动机舱盖锁开启机构

（2）门锁开关

门锁开关通常安装在驾驶人侧车门把手上或仪表中控面板上，驾驶人可通过操作开关在车内实现开锁或闭锁。

如图 7-10 所示为长安逸动汽车的门锁开关，其安装在仪表中控面板上。

图 7-10　长安逸动汽车门锁开关

（3）遥控器

遥控器可以用来在远距离操作中控制系统。

如图 7-11 所示，遥控器可实现对车辆门锁与尾门（行李舱）锁的开启与关闭控制。

如图 7-12 所示为遥控器内部装配机械钥匙。

图 7-11　汽车遥控钥匙　　　　图 7-12　汽车机械钥匙

（4）接收天线

遥控接收天线也是中控门锁控制系统的组成部分，主要功能是接收遥控器发出的信号。

如图 7-13 所示为蒙迪欧致胜车型的遥控器接收天线。

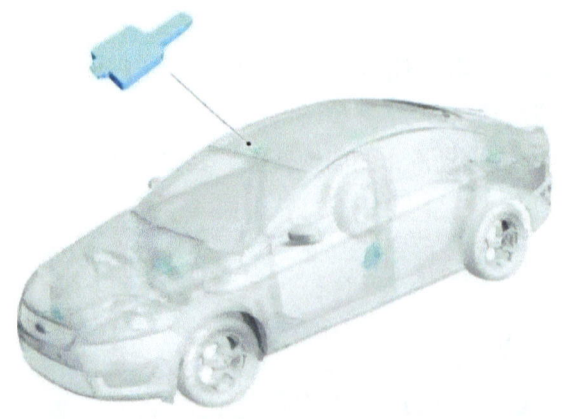

图 7-13 汽车遥控器接收天线

注意： 长安福特部分车型中，该天线集成在多功能控制模块（GEM）或车身控制模块（BCM）中，如 C520 车型，其接收器天线集成在 BCM 中。

（5）控制模块

中控门锁系统中包括以下控制模块：

1）车身控制模块（BCM）。

2）前车门控制模块（DDM/PDM）。

3）后车门控制模块（LDM/RDM）。

如图 7-14 所示，车身控制模块（BCM）是中控门锁系统的控制模块。

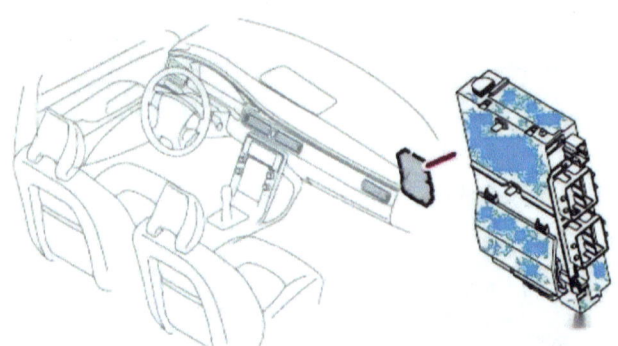

图 7-14 车身控制模块

注意： 中控门锁系统的控制模块在部分车型中受多功能控制模块（GEM）控制，其功能与 BCM 相同，须参照具体车型资料。

如图 7-15 所示为前车门控制模块，其中：

1）图 7-15a 所示为驾驶人侧车门控制模块，简称为 DDM。

2）图 7-15b 所示为乘员侧车门控制模块，简称为 PDM。

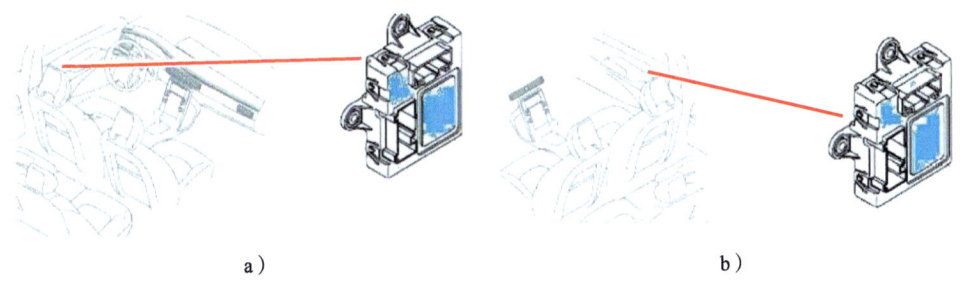

图 7-15　前车门控制模块

如图 7-16 所示为后车门控制模块，其中：

1）图 7-16a 所示为左后车门控制模块，简称为 LDM。
2）图 7-16b 所示为右后车门控制模块，简称为 RDM。

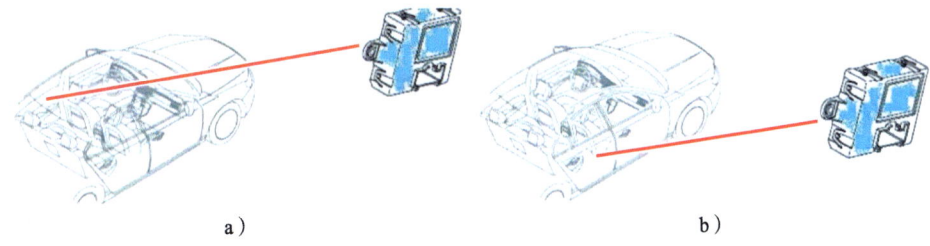

图 7-16　后车门控制模块

3. 中控门锁系统工作原理

如图 7-17 所示为中控门锁系统工作原理图，中控门锁系统功能受车身控制模块（BCM）控制，由 BCM 接收相关输入信号，经过逻辑运算，输出控制信号，从而实现其相关功能。

其中，开锁与闭锁信号由门锁控制开关直接发出信号传输给车身控制模块（BCM）；机械钥匙开闭锁信号，由门锁机构通过传感器将信号传输给车门控制模块 PDM 或 DDM，车门控制模块通过 MS-CAN 网络将该信息传输给 BCM。

车门位置的信号是 BCM 经 MS-CAN 网络由各车门模块通过开锁/解锁反馈获得的。

车身控制模块（BCM）输出的开锁或闭锁的控制信号，通过 CAN 网络传输给左、右前车门控制模块 DDM 和 PDM，由 DDM 和 PDM 发出指令，驱动左、右前门锁电动机动作。

左、右后门锁的打开或关闭，是受左、右后门控制模块（LDM/RDM）发出的指令驱动门锁电动机动作的。但 LDM 与 RDM 所接到的打开指令是由 DDM 或 PDM 通过 LIN 网络传输的。

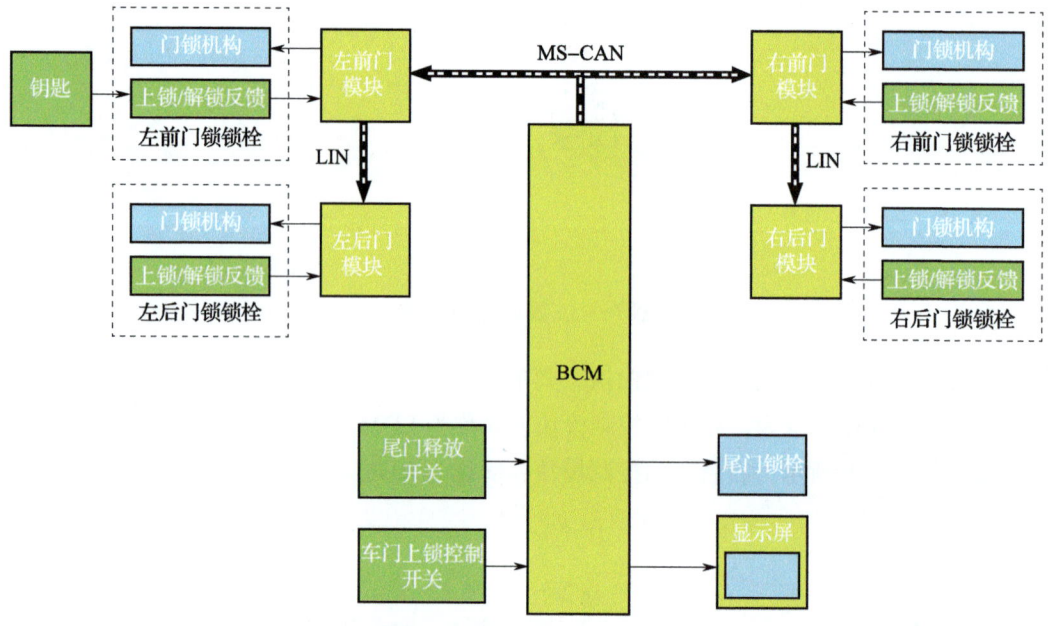

图 7-17 中控门锁系统工作原理图

1）通过 MS-CAN 网络传输数据模块。在中控门锁系统中车身控制模块（BCM）、驾驶人侧车门模块（DDM）和乘员侧车门模块（PDM）之间是通过 MS-CAN 网络传输数据信息的。

2）通过 LIN 网络传输数据模块。前门控制模块与后门控制模块之间是通过 LIN 网络进行通信的。

五、实践任务

能绘制中控门锁系统工作原理图。

六、实践计划

1. 分小组

组长：负责操作设计及规范操作，协助总结记录员完成总结报告。
主操作手：负责主要操作。
副操作手：负责协助主操作手并读取数据。
数据记录员：负责对数据进行记录。
数据核对员：负责将实测数据与理论数据进行对比。
总结记录员：负责汇总形成报告。

小组成员分工及故障分析
成员分工
项目分析

2. 实施计划

1）对照实车电路图，找到门锁机构、门锁开关、控制模块等所在位置，并绘制电路图。

2）检测遥控器的各项功能。

3）选择合适的检测仪测量关键数据流。

4）检测中控门锁系统控制模块的功能。

七、实践实施

实训数据记录				
姓名		班级		
学号		指导教师		
组员				
汽车VIN码				
汽车品牌		汽车车型		汽车年代
工具选择				
数据记录及结果分析				

八、实践反思

自评、互评、教师点评表

姓名		班级		学号		指导教师		组别	
评分项目		评分内容		分值		个人评分	小组评分	教师评分	
工具、场地准备		场地干净整洁，符合作业要求		5					
		通用及专用工具准备齐全、正确		5					
专业知识学习		学习态度端正，认真积极		5					
工具、设备选择与使用		检测与维修工具、设备选择正确、合适		5					
		工具、设备使用正确，操作规范		10					
操作实施		按照要求实施操作		25					
		操作正确、有序		10					
		零部件拆装无破损		5					
总结报告		数据记录完整，符合实际情况		5					
		实训报告客观、务实		5					
团队协作能力		小组成员分工明确		5					
		团队协作，共同完成实训操作		5					
安全		安全操作，未出现人身危险情况		5					
		工具、设备使用安全，未损坏		5					
总分				100					

组长：　　　　　　　　　　　　日期：

九、思考题

1）中控门锁系统由哪几部分组成？

2）中控门锁系统包括哪些控制模块？

小知识：汽车钥匙通过电波信号控制门锁，很多造车新势力通过技术创新实现了手机控制、刷卡开门、密码解锁等汽车解锁方式。

任务 4　汽车空调系统检测与维修

一、任务目标

1）了解汽车空调系统的功用及组成。
2）能正确检测空调制冷系统压力。

二、任务内容

掌握汽车空调系统的检测方法。

三、安全注意事项

注意个人及设备安全，规范操作。

四、知识提要

1. 汽车空调的功能

1）调节车内温度。
2）调节车内湿度。
3）调节车内空气流速。
4）调节车内空气清洁度。

2. 汽车空调系统的组成

1）制冷系统。
2）加热系统。
3）通风系统。
4）操纵控制系统。
5）空气净化系统。

3. 冷冻机油

（1）冷冻机油的作用和特性

1）润滑作用。
2）密封作用。
3）冷却作用。

4)降低压缩机噪声。

(2)空调制冷系统对冷冻机油的性能要求

1)冷冻机油的凝固点要低。

2)冷冻机油的黏度受温度的影响要小。

3)冷冻机油与制冷剂的溶解性能要好。

4)冷冻机油要具有较高的热稳定性。

5)冷冻机油中应无水分。

(3)冷冻机油的牌号

按黏度不同,国产冷冻机油牌号有13号、18号、25号和30号4种,牌号越大,其黏度也越大。进口冷冻机油有SUNISO 3GS、SUNISO 4GS、SUNISO 5GS三种牌号。目前,汽车空调制冷系统通常选用国产18号和25号冷冻机油,或进口SUNISO 5GS冷冻机油。

4. 空调制冷系统的组成及工作原理

(1)基本组成

空调制冷系统的基本组成如图7-18所示。

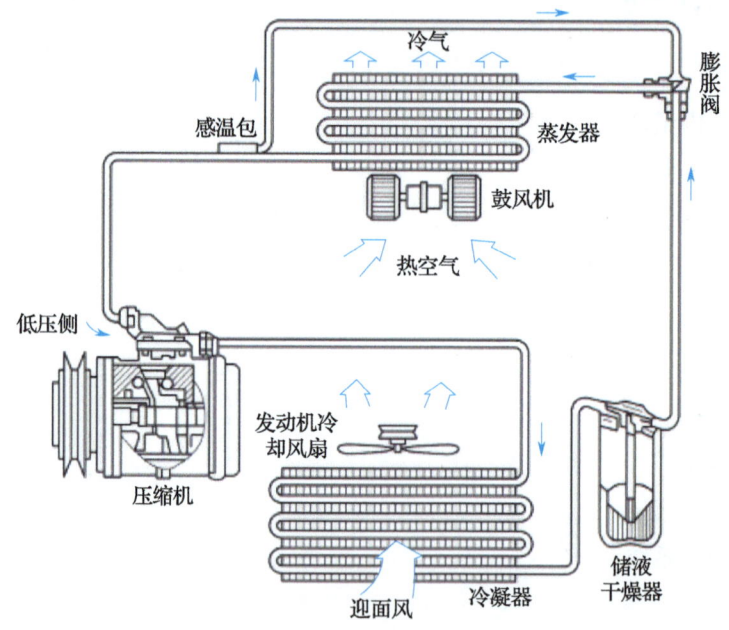

图7-18 空调制冷系统的基本组成

(2)工作原理

空调制冷系统的工作过程是制冷剂不断气化和液化的过程,以压缩机和膨胀阀中心为界,可以把整个制冷循环分为高、低压两个部分,详细可以通过图7-19进行了解。制冷剂在系统的循环过程可以分为4个工作过程：

1）压缩。蒸发器处理后的低温低压的制冷剂气体，经过压缩机吸入并压缩成高温高压的气体，然后输入到冷凝器。

2）冷凝放热。高温高压的制冷剂气体进入冷凝器，由于压力及温度的降低，制冷剂气体冷凝成液体，并放出大量的热到外界大气中。

3）节流。温度和压力较高的制冷剂液体通过膨胀装置后体积变大，压力和温度急剧下降，以雾状（细小液滴）排出膨胀阀。这是制冷剂高、低压的分界线，膨胀阀有节流的作用。

4）蒸发。雾状制冷剂液体进入蒸发器，此时制冷剂沸点远低于蒸发器内温度，故制冷剂液体蒸发成气体。在蒸发过程中大量吸收周围的热量，而后低温低压的制冷剂蒸气又进入压缩机。

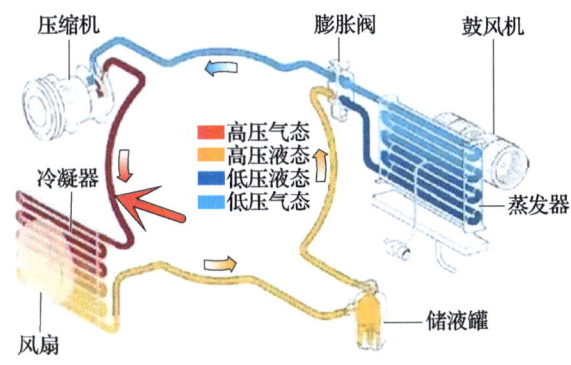

图 7-19 空调工作原理

5. 空调制冷系统各部件功用及原理

（1）压缩机

汽车空调压缩机是汽车空调制冷系统的心脏，起着压缩和输送制冷剂蒸气的作用。根据工作原理的不同，空调压缩机可以分为定排量压缩机和变排量压缩机。

压缩机进、排气工作原理如图 7-20、图 7-21 所示。

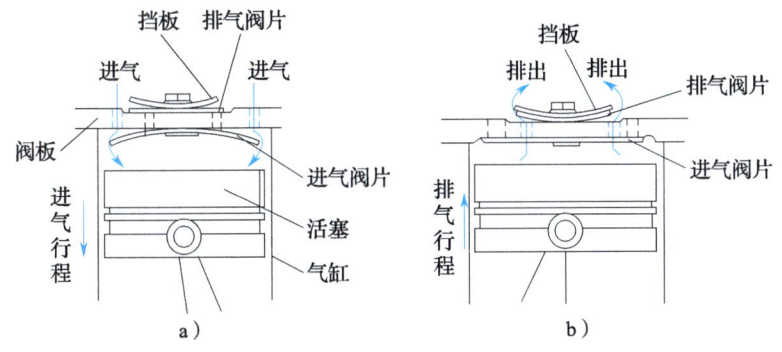

图 7-20 压缩机进、排气工作原理

1)定排量压缩机如图 7-22 所示。定排量压缩机的排气量是随着发动机的转速的提高而成比例提高,它不能根据制冷的需求而自动改变功率输出,而且对发动机油耗的影响比较大。它的控制一般通过采集蒸发器出风口的温度信号来实现,当温度达到设定的温度,压缩机电磁离合器松开,压缩机停止工作。当温度升高后,电磁离合器结合,压缩机开始工作。定排量压缩机也受空调系统压力的控制,当管路内压力过高时,压缩机停止工作。

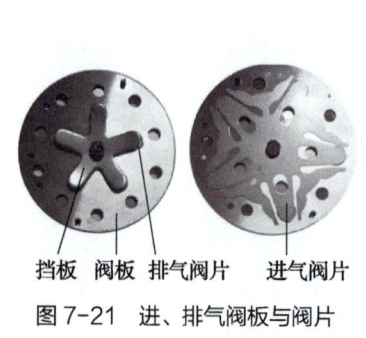

图 7-21 进、排气阀板与阀片

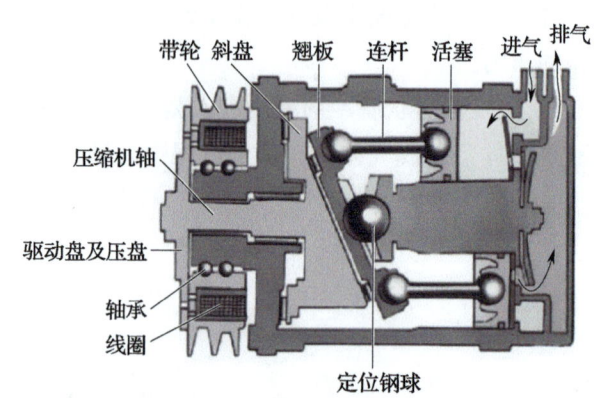

图 7-22 定排量压缩机的结构

2)变排量压缩机如图 7-23、图 7-24 所示。变排量压缩机可以根据设定的温度自动调节功率输出。空调控制系统不采集蒸发器出风口的温度信号,而是根据空调管路内压力的变化信号控制压缩机的压缩比来自动调节出风口温度。在制冷的全过程中,压缩机始终是工作的,制冷强度的调节完全依赖装在压缩机内部的压力调节阀来控制。当空调管路内高压端的压力过高时,压力调节阀缩短压缩机内活塞行程以减小压缩比,这样就会降低制冷强度。当高压端压力下降到一定程度,低压端压力上升到一定程度时,压力调节阀则增大活塞行程以提高制冷强度。

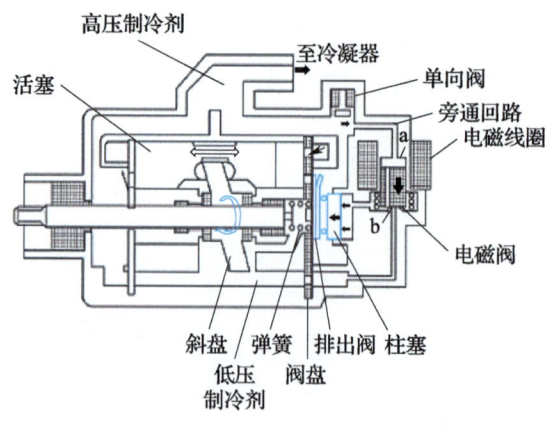

图 7-23 变排量压缩机全排量工作的情况

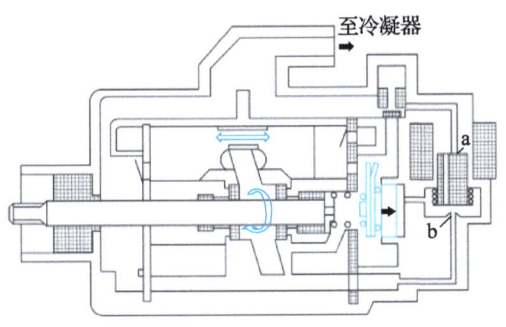

图 7-24 变排量压缩机半排量工作的情况

(2) 冷凝器

冷凝器（图 7-25）最重要的作用就是完成制冷系统的热量交换。冷凝器是汽车空调中的散热装置，将压缩机压缩过程中冷媒产生的热量发散到车外空间中，使压缩机出来的高温高压气体变为中温高压液体。

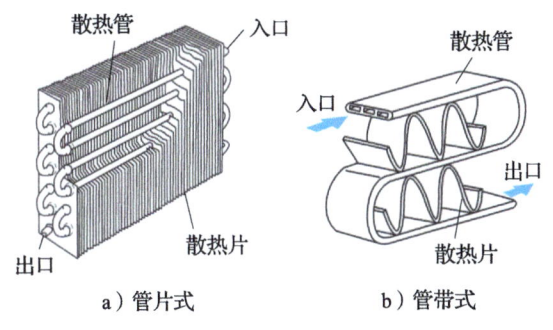

图 7-25 冷凝器的结构

(3) 储液干燥器

由于汽车空调正常工作时，制冷剂的供应量大于蒸发器的需要量，所以高压侧液态制冷剂有一定的储存量；同时，随着季节的变化，在系统不运行或检修、更换系统内的零件时，可以将系统中的制冷剂收入到高压侧进行储存，以免制冷剂泄漏。因此在汽车空调制冷系统中，需设置储液干燥器（图 7-26）来临时储存冷凝器液化的制冷剂并进行干燥和过滤处理。

(4) 膨胀阀

膨胀阀（图 7-27、图 7-28）的作用是：把来自干燥器的高压液态制冷剂节流减压，调节和控制进入蒸发器中的液态制冷剂量，使之适应制冷负荷的

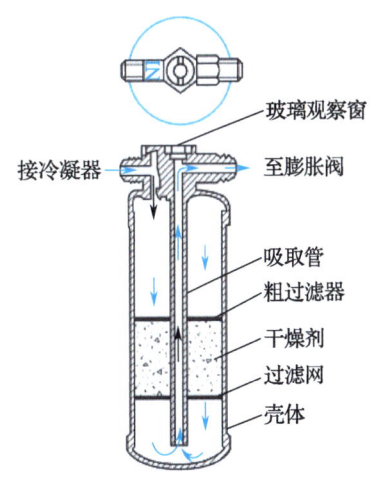

图 7-26 储液干燥器的结构

变化，防止压缩机发生液击现象。经过冷凝器后，高温高压的制冷剂，通过膨胀阀时，会降压降温，从而变成低压低温液体制冷剂，从而为制冷剂在蒸发器里的蒸发制冷创造条件。

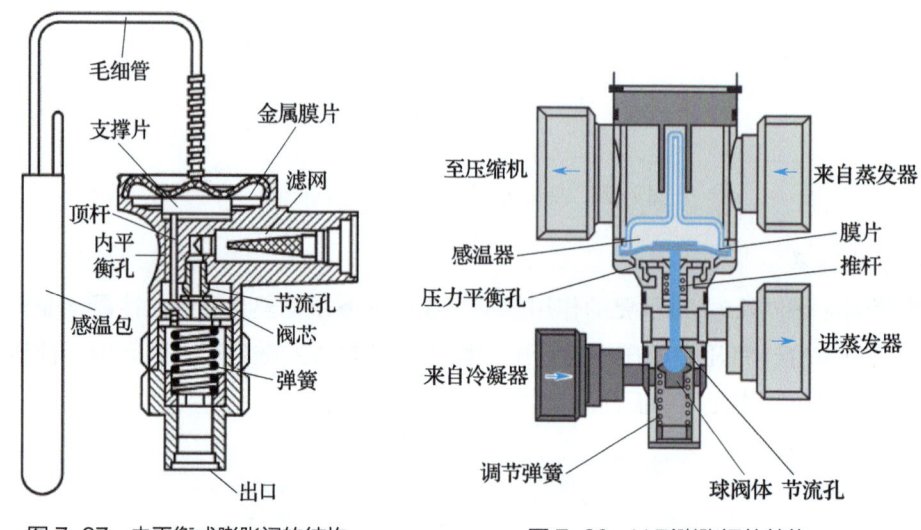

图 7-27 内平衡式膨胀阀的结构　　图 7-28 H 形膨胀阀的结构

（5）蒸发器

蒸发器（图 7-29）的作用是将从膨胀阀出来的低压制冷剂蒸发而吸收车内空气的热量，从而达到车内降温的目的。蒸发器有管片式、管带式和层叠式。目前我国轿车上主要采用全铝层叠式和管带式蒸发器，大型客车上主要采用铜管铝片式蒸发器，中型客车上几种形式都有，以管带式为主。

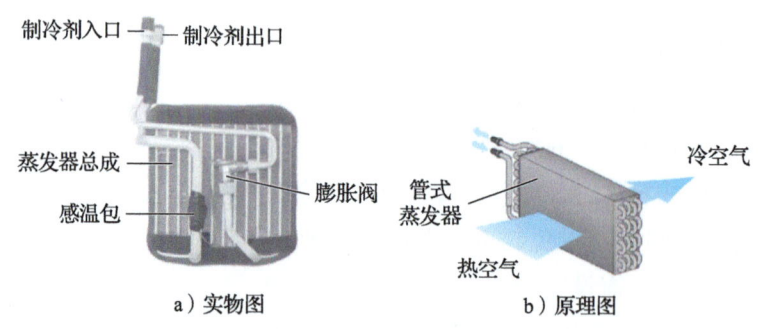

a）实物图　　b）原理图

图 7-29 蒸发器结构

（6）空调箱

空调箱的结构如图 7-30 所示，空调箱对车内空气调节的原理如图 7-31 所示。

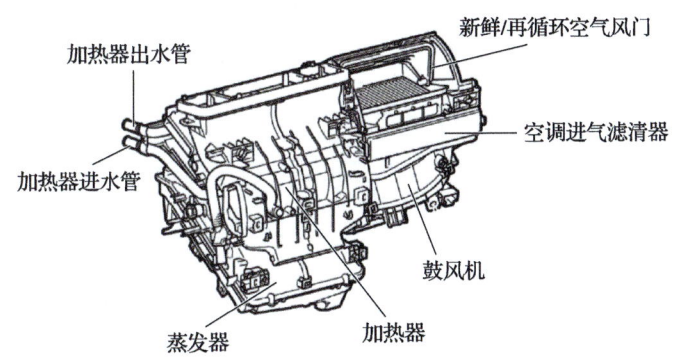

图 7-30 空调箱结构

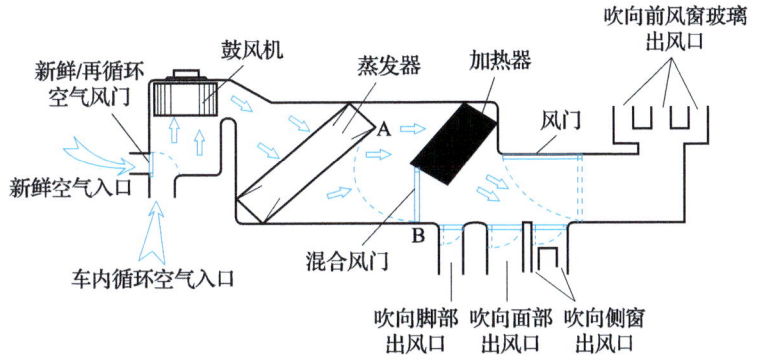

图 7-31 空调箱对车内空气调节的原理

6. 丰田卡罗拉汽车手动空调制冷系统的组成与原理

1）丰田卡罗拉汽车手动空调控制面板如图 7-32 所示。

图 7-32 手动空调控制面板

2）丰田卡罗拉汽车手动空调模式控制如图 7-33 所示。

3）丰田卡罗拉汽车手动空调控制内容见表 7-2。

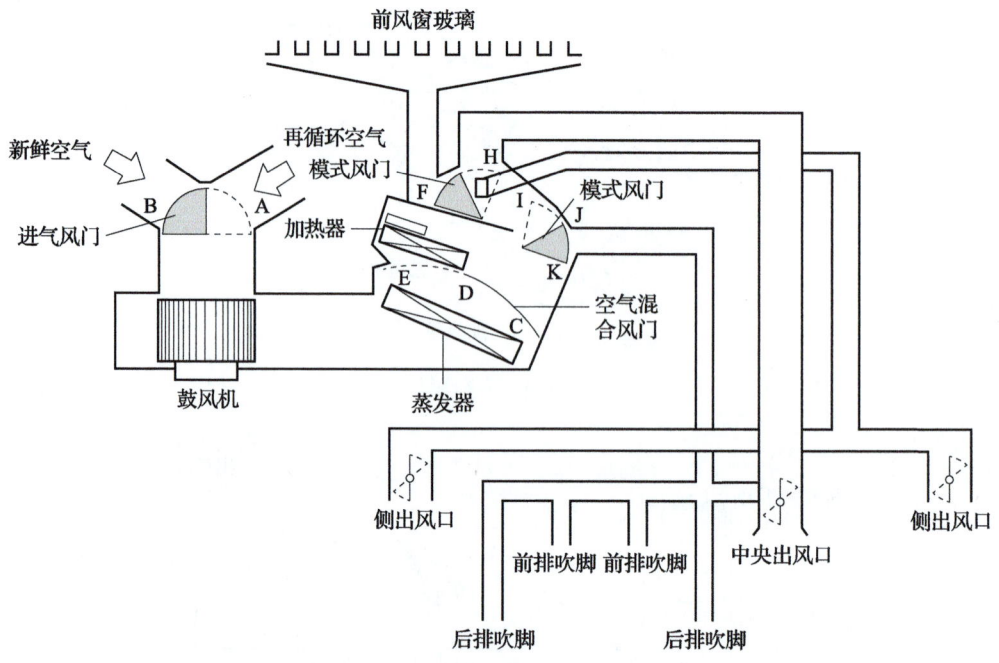

图 7-33 丰田卡罗拉汽车手动空调系统冷热模式、进风模式与出风模式控制

表 7-2 丰田卡罗拉汽车手动空调控制内容

风门	模式	风门位置	控制内容
进气风门	FRESH	A	新鲜空气
	RECIRC	B	车内空气再循环
空气混合风门	MAX COLD 至 MAX HOT 温度设置（16~30℃）	C-D-E	改变经过加热器空气的混合比率，以连续地调节 HOT 至 COLD 的温度
模式风门	除霜器	H，K	前风窗玻璃出风口、侧出风口
	脚部 / 除霜器	H，J	前风窗玻璃出风口、侧出风口吹脚出风口
	脚部	H，I	吹脚出风口、侧出风口前风窗玻璃出风口（少量）
	双级	F，I	中央出风口、侧出风口吹、脚出风口
	面部	F，K	中央出风口、侧出风口

4）丰田卡罗拉汽车手动空调控制原理如图7-34所示。

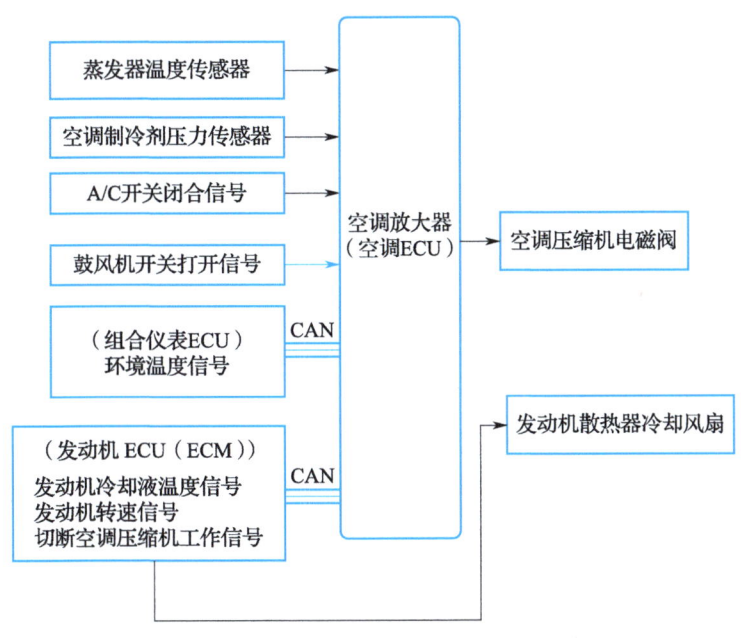

图7-34　丰田卡罗拉汽车手动空调系统控制原理

5）汽车空调相关传感器布置位置如图7-35所示。

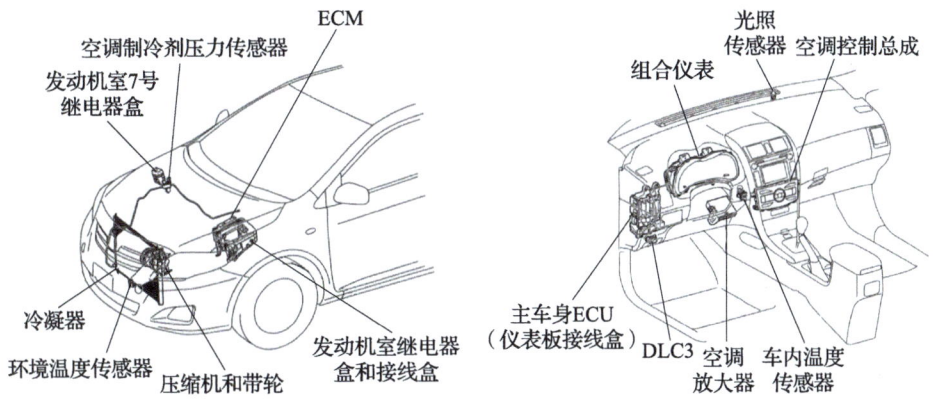

图7-35　车内温度传感器及光照传感器在车上的位置

6）汽车空调系统各传感器工作原理：

①蒸发器温度传感器如图7-36所示。

②环境温度传感器如图7-37所示。

③制冷剂压力传感器如图7-38、图7-39所示。

④光照传感器如图7-40、图7-41所示。

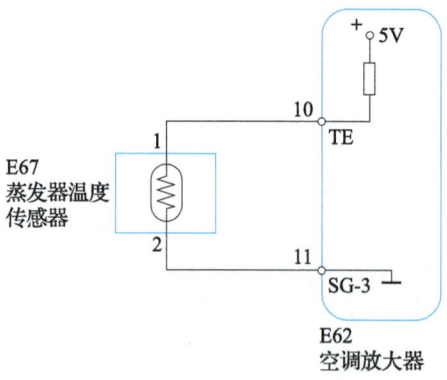

图 7-36　丰田卡罗拉汽车蒸发器温度传感器工作原理

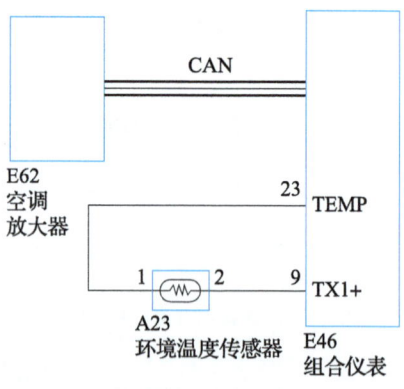

图 7-37　汽车环境温度传感器的工作原理

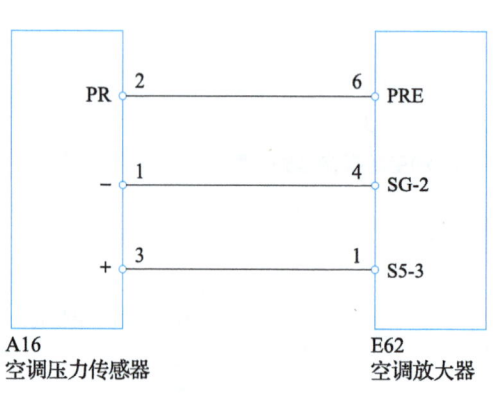

图 7-38　汽车空调制冷剂压力传感器的工作原理

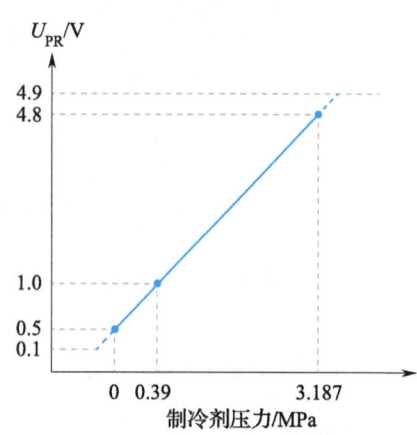

图 7-39　空调制冷剂压力传感器输出信号电压与制冷剂压力的关系

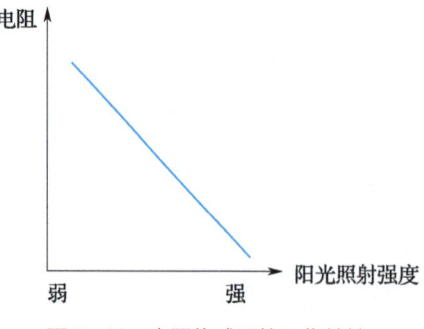

图 7-40　光照传感器的工作特性

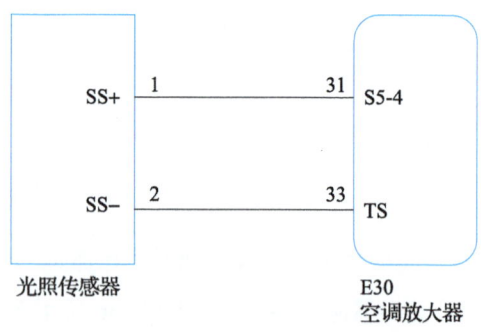

图 7-41　光照传感器的工作原理

⑤ 鼓风机如图 7-42、图 7-43 所示。

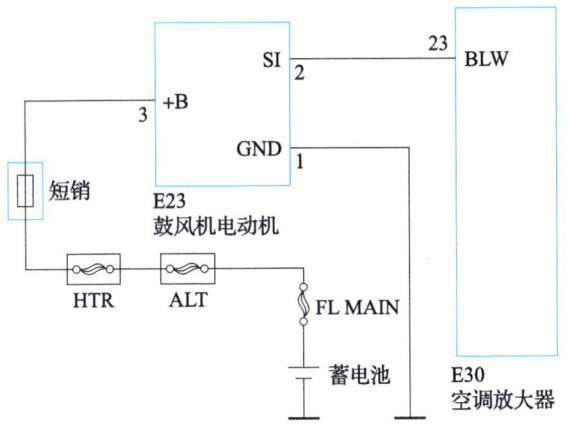
图 7-42 鼓风机的工作原理

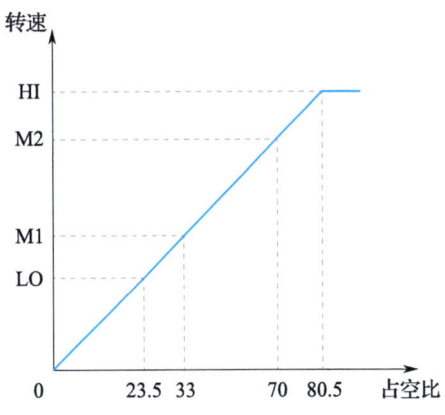
图 7-43 占空比信号与鼓风机转速的关系

7)空调系统电路。

① A/C 空调开关电路如图 7-44 所示。

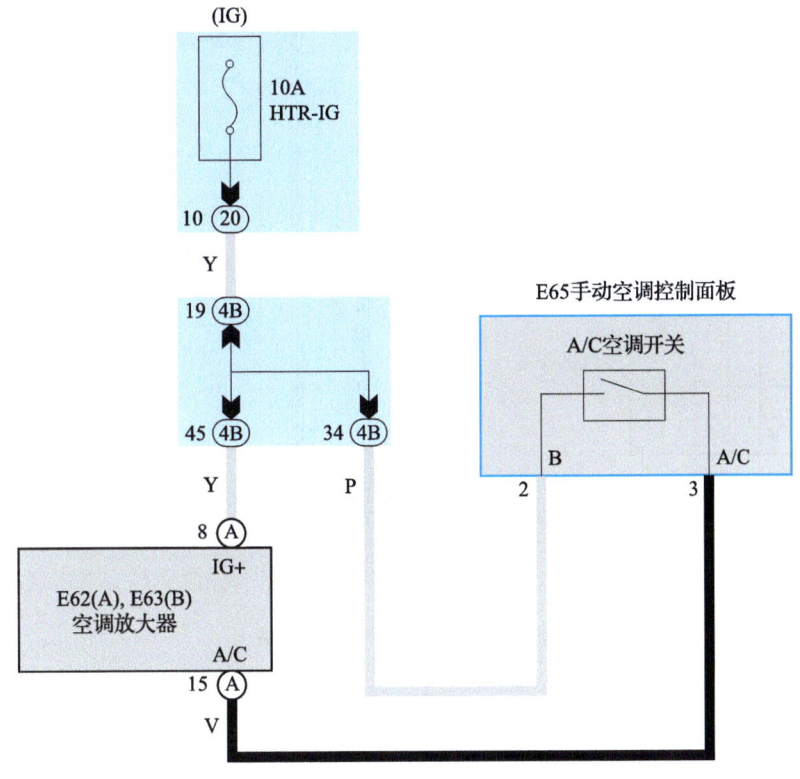
图 7-44 A/C 空调开关的电路

② 鼓风机开关信号电路如图 7-45 所示。

③ 压缩机电磁阀电路如图 7-46 所示。

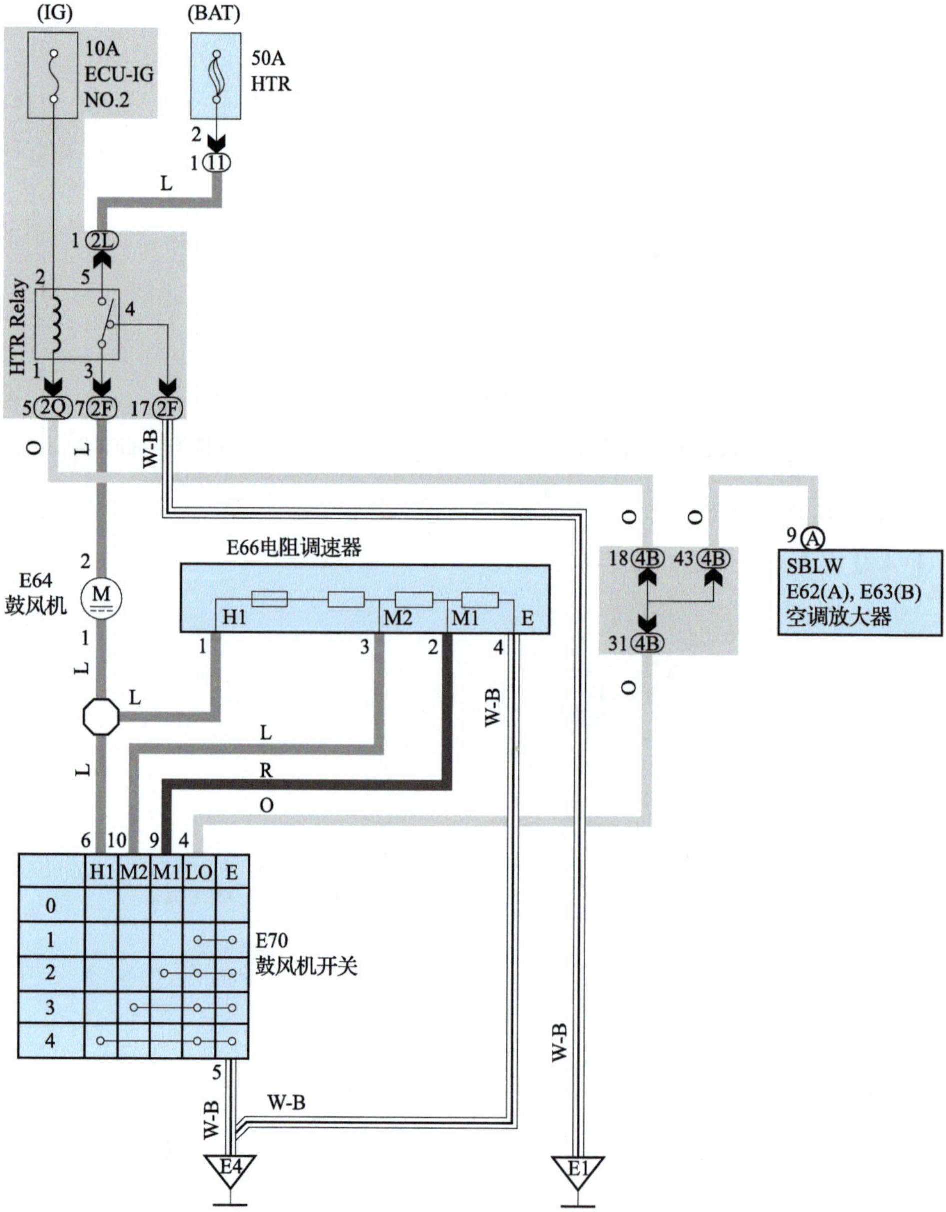

图 7-45 鼓风机开关信号电路

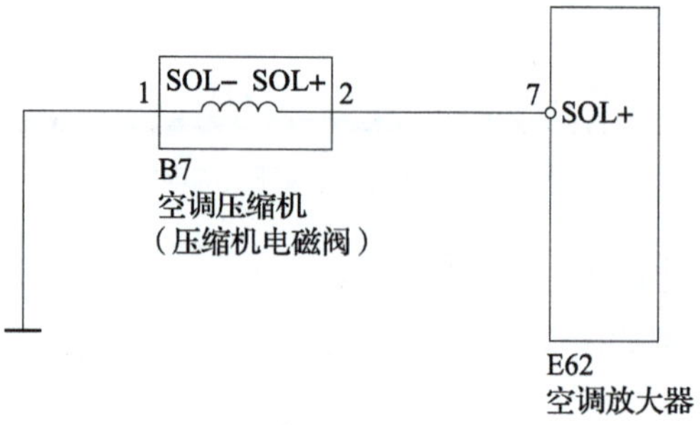

图 7-46 压缩机电磁阀电路

④冷却风扇电路如图 7-47 所示。

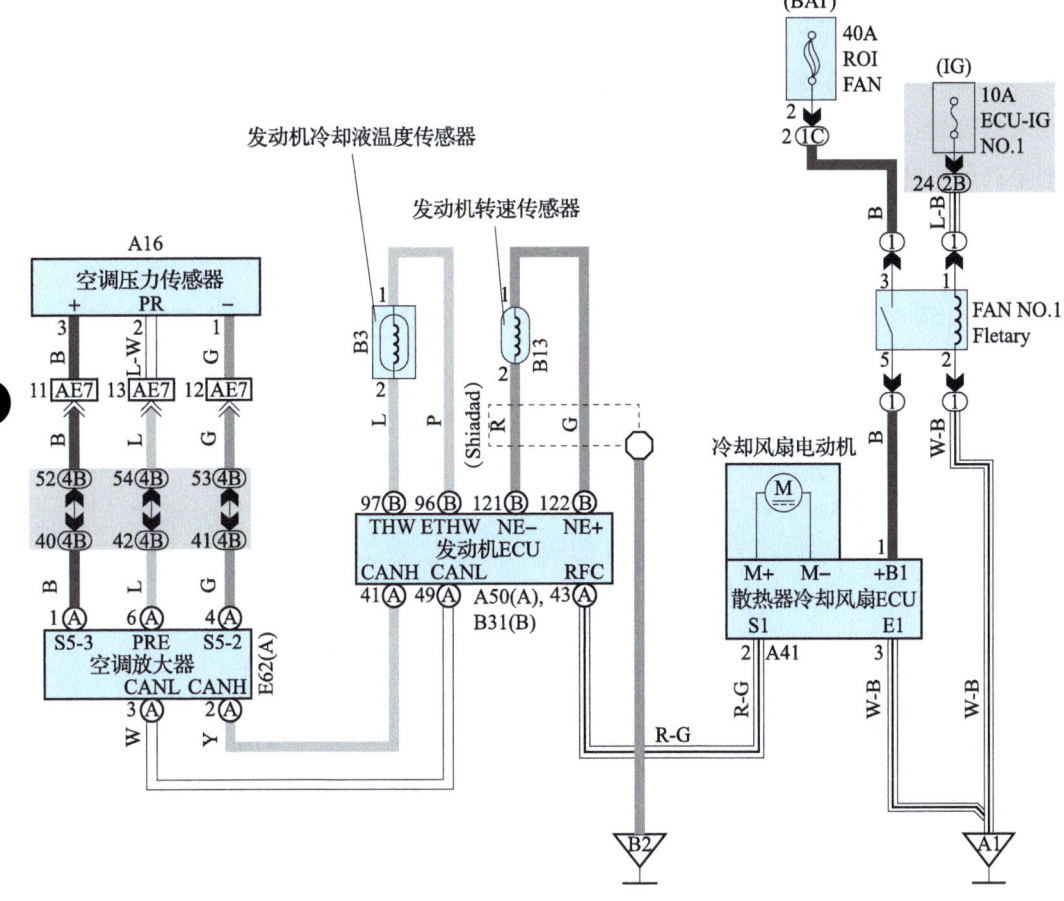

图 7-47　冷却风扇电路

7. R134a 制冷剂的特性

R134a 制冷剂是卤代烃类制冷剂中的一种，R134a 制冷剂与 R12 制冷剂相比，其热力学性能，包括分子量、沸点、临界参数、饱和蒸汽压和汽化潜热等均与 R12 相近，具有无色、无臭、不燃烧、不爆炸、基本无毒的特性。

但是，采用 R134a 制冷剂的汽车空调制冷系统中，在结构与材料方面，还是与 R12 空调系统还是有很大区别的，两套制冷系统中的制冷剂是不能互换使用的。

R134a 制冷剂对地球温室效应有一定的促进作用。现在世界各地都在推广使用 R1234yf 制冷剂。R1234yf 制冷剂与 R12、R134a 制冷剂的热力学性能相似，在一个标准大气压下的沸点为 −29.8℃，凝固温度为 −158℃。

8. 汽车空调系统制冷压力检测

制冷系统工作压力的检测，需要用到空调压力表，如图 7-48 所示。

1）将歧管压力计正确连接到制冷系统相应的检修阀上。

2）关闭歧管压力计上的两个手动阀。

3）用手松开歧管压力计上的高低压注入软管的连接螺母，让系统内侧的制冷剂泵高低压注入软管内的空气排出，然后再将连接螺母拧紧。

图 7-48 检测制冷系统制冷剂工作压力

4）起动发动机并使发动机转速保持在 1000~1500r/min，然后打开空调开关和鼓风机开关，设置到空调最大制冷状态，鼓风机高速运转，温度调节在最冷。

5）关闭车门、车窗和发动机舱盖，发动机预热。

6）把温度计插进中间出风口并观察空气温度，在外界温度为 27℃时，运行 5min 后出风口温度应接近 7℃。

7）观察高低压侧压力，压缩机的吸气压力应为 20~24kPa，排气压力应为 1103~1633kPa。应注意，外界高温高湿将造成高温高压的条件，见表 7-3。

表 7-3 汽车制冷系统正常工作时高压侧与低压侧压力标准值

压力侧	仪表读数
低	0.15~0.25MPa
高	1.37~1.57MPa

9. 空调制冷不足原因分析

1）制冷剂压力值正常，制冷系统正常工作，如图 7-49 所示。

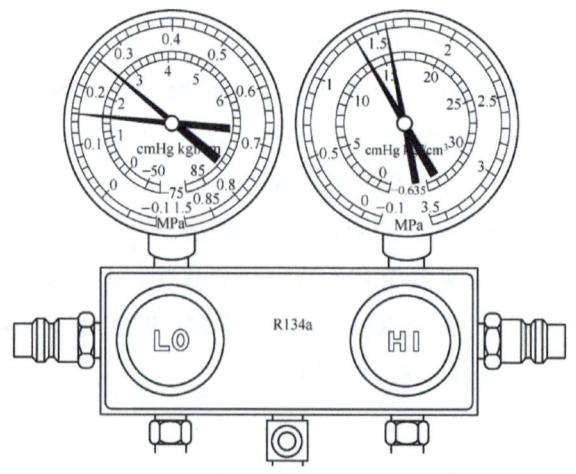

图 7-49 制冷系统正常工作时制冷剂压力

2）高压侧与低压侧制冷剂压力均低于标准值，如图 7-50 所示。

3）高压侧与低压侧制冷剂压力不稳定，如图 7-51 所示。

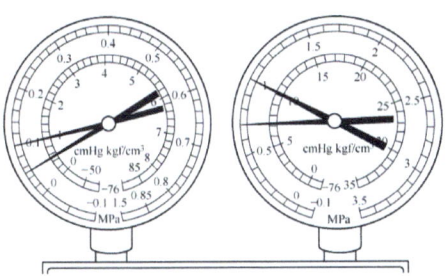

图 7-50　高压侧与低压侧制冷剂压力均低于标准值

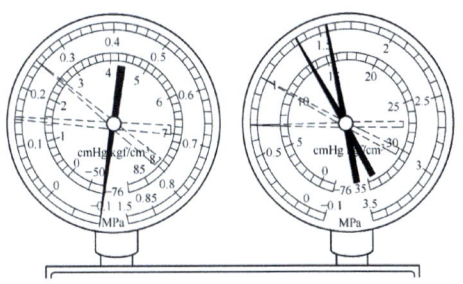

图 7-51　高压侧与低压侧制冷剂压力不稳定

4）低压侧显示真空、高压侧显示压力非常低，如图 7-52 所示。

5）高压侧与低压侧制冷剂压力均高，如图 7-53 所示。

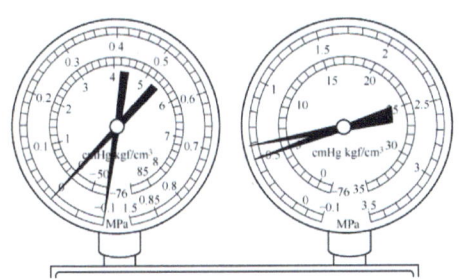

图 7-52　低压侧显示真空、高压侧显示压力非常低

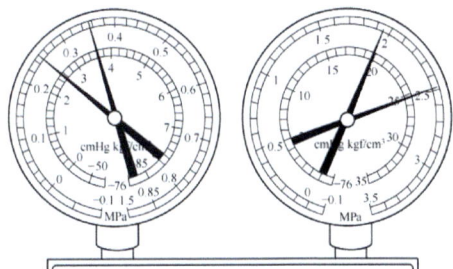

图 7-53　高压侧与低压侧制冷剂压力均高

6）低压侧制冷剂压力过高、高压侧制冷剂压力过低，如图 7-54 所示。

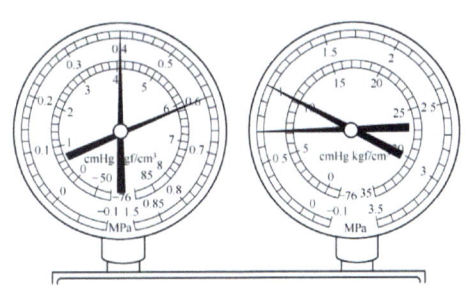

图 7-54　低压侧制冷剂压力过高、高压侧制冷剂压力过低

7）补加制冷剂方法，如图 7-55 所示。

8）制冷系统的抽真空，如图 7-56 所示。

9）从制冷系统高压侧充入液态制冷剂，如图 7-57 所示。

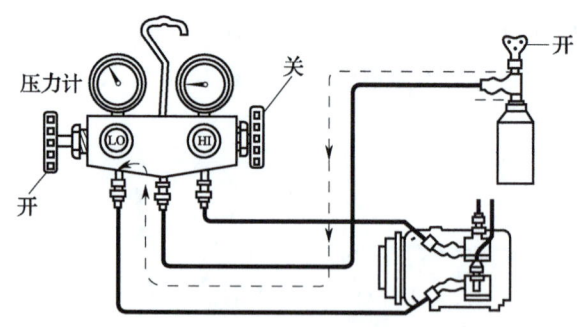

图 7-55　补加制冷剂方法

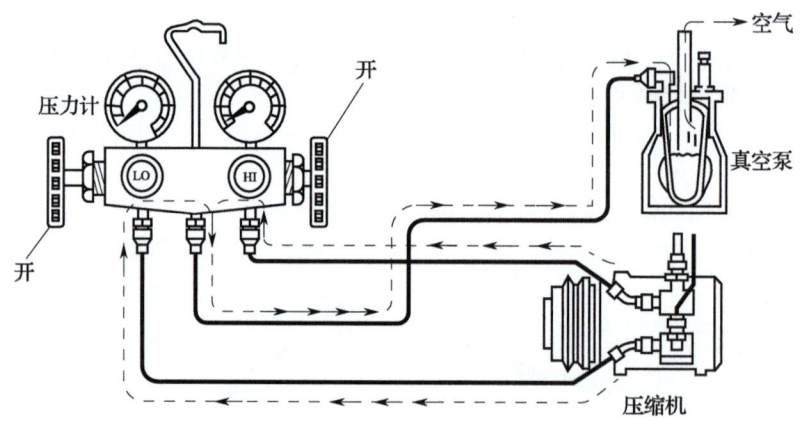

图 7-56　制冷系统的抽真空

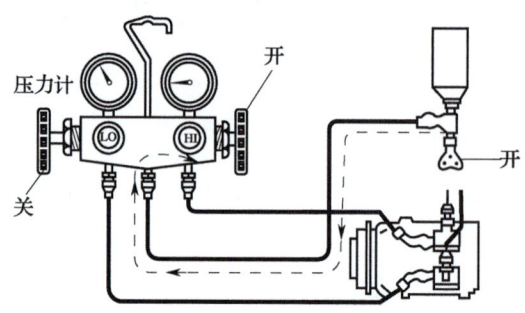

图 7-57　从制冷系统高压侧充入液态制冷剂

10. 汽车加热系统

现代汽车主要充分利用发动机冷却液的余热进行制暖，这种方式通常也称为水暖。当制暖效果要求更高时，一般会辅助相关的 PTC 加热器进行加热，最终达到良好的制暖效果，如图 7-58～图 7-61 所示。空调取暖系统主要部件为热交换器，主要用于取暖，对车室内空气或由外部进入车室内的新鲜空

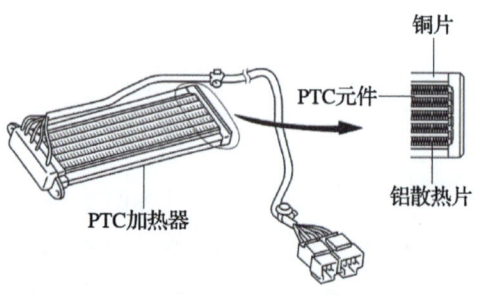

图 7-58　丰田卡罗拉汽车 PTC 加热器的结构

气进行加热，达到取暖、除湿的目的。

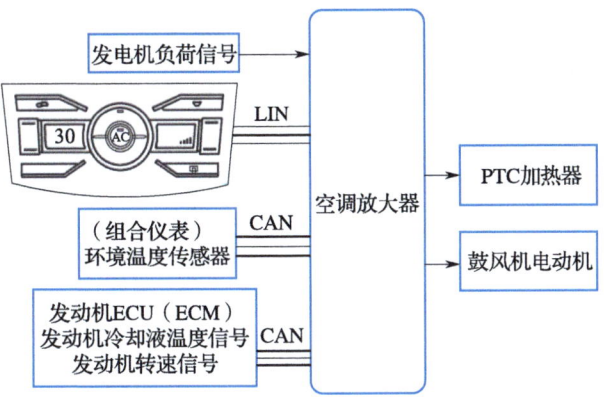

图 7-59　空调放大器与 PTC 加热器控制系统组成

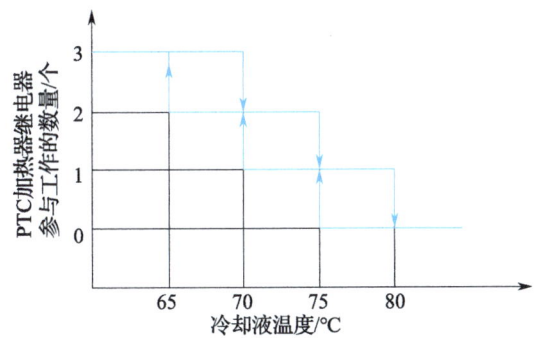

图 7-60　PTC 加热器与冷却液加热器协同工作关系

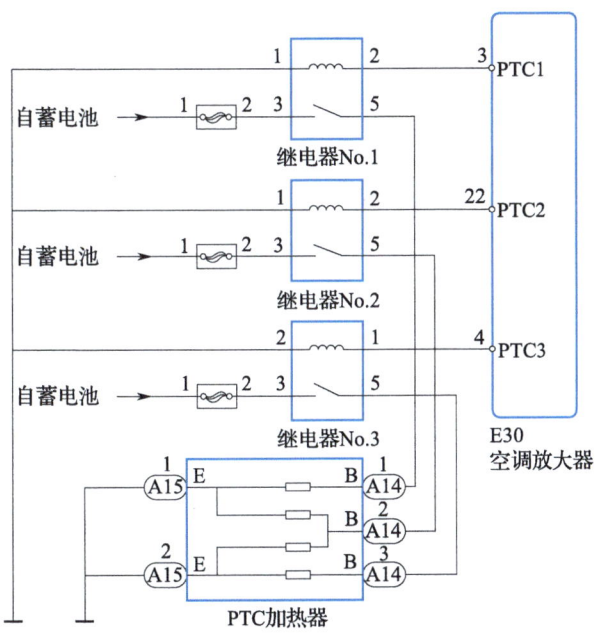

图 7-61　PTC 加热器工作原理

1）汽车空调内外循环系统如图7-62、图7-63所示。

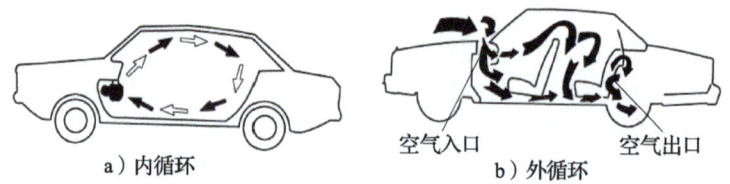

图 7-62　汽车空调进气组织形式示意图

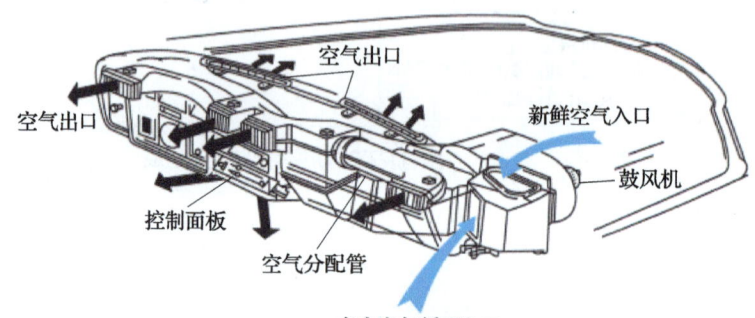

图 7-63　汽车空调气流组织形式

2）汽车空调通风系统如图7-64所示。

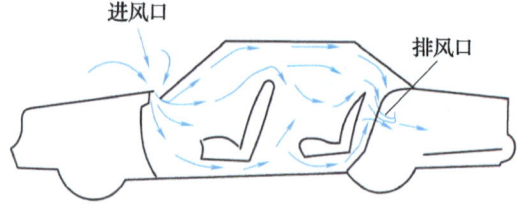

图 7-64　汽车自然通风时的空气流动

3）汽车空调净化系统工作原理如图7-65所示。

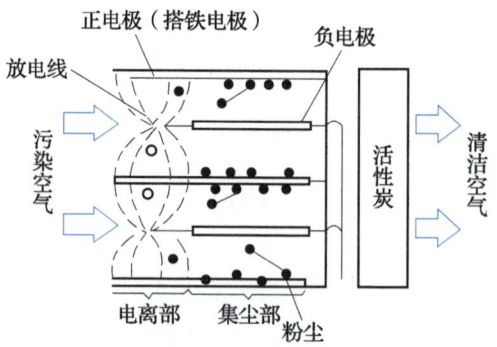

图 7-65　汽车空调净化系统工作原理

4）烟雾浓度传感器如图 7-66 所示。

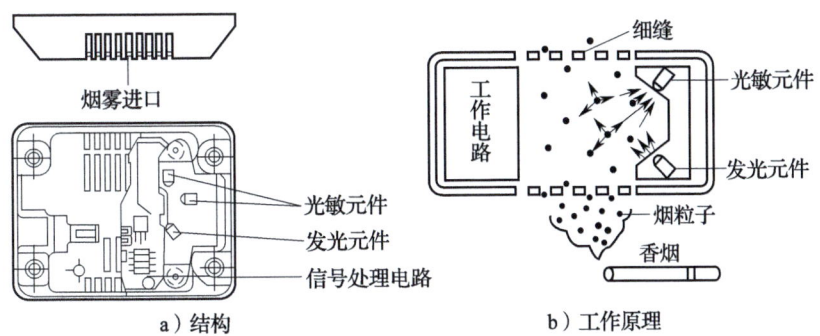

图 7-66　烟雾浓度传感器的结构及工作原理

五、实践任务

对空调压力进行检测。

六、实践计划

1. 分小组

组长：负责操作设计及规范操作，协助总结记录员完成总结报告。

主操作手：负责主要操作。

副操作手：负责协助主操作手并读取数据。

数据记录员：负责对数据进行记录。

数据核对员：负责将实测数据与理论数据进行对比。

总结记录员：负责汇总形成报告。

小组成员分工及故障分析
成员分工
项目分析

2. 实施计划

1）连接歧管压力器。
2）控制歧管压力器手动控制阀。
3）控制汽车工作状态。
4）读取压力值。
5）进行压力值对比。
6）对制冷剂进行控制。

七、实践实施

实训数据记录			
姓名		班级	
学号		指导教师	
组员			
汽车 VIN 码			
汽车品牌		汽车车型	汽车年代
工具选择			
数据记录及结果分析			

八、实践反思

自评、互评、教师点评表

姓名		班级		学号		指导教师		组别	
评分项目		评分内容				分值	个人评分	小组评分	教师评分
工具、场地准备		场地干净整洁，符合作业要求				5			
		通用及专用工具准备齐全、正确				5			
专业知识学习		学习态度端正，认真积极				5			
工具、设备选择与使用		检测与维修工具、设备选择正确、合适				5			
		工具、设备使用正确，操作规范				10			
操作实施		按照要求实施操作				25			
		操作正确、有序				10			
		零部件拆装无破损				5			
总结报告		数据记录完整，符合实际情况				5			
		实训报告客观、务实				5			
团队协作能力		小组成员分工明确				5			
		团队协作，共同完成实训操作				5			
安全		安全操作，未出现人身危险情况				5			
		工具、设备使用安全，未损坏				5			
总分						100			

组长：　　　　　　　　　　日期：

九、思考题

1）夏季空调系统容易出现哪些故障？

2）空调系统具备哪些功能？

小知识：人体最舒适的温度是 25℃，温度过低会影响空气循环，易滋生细菌及有害物质；温度过高会导致体内水分流失多，容易诱发心血管疾病。